U0069693

吳國禎

荷清苑書簡

與臺灣青年朋友的通信

人間

右：1975年3月從美國第一次來
大陸時，攝於鄭州花園口黃河邊。
下：1980年代攝於北京科學院化
學研究所辦公室

上：2000年9月攝於敦煌鳴沙山
月牙泉
下：2001年12月攝於陝西韓城司
馬遷祠（墓）處

上：2008年6月攝於中國最
東端的烏蘇哨所
下：2011年7月攝於珍寶島

左上：2011年8月攝於重慶江津陳獨秀故居
左下：2011年4月攝於北京清華百年校慶日
上：2011年5月攝於北京清華關於釣魚島的研討會

左上：2011年8月攝於西安唐大明宮遺址

左下：2011年4月攝於圓明園遺址

上：2014年9月30日攝於北京人民大會堂國慶招待會

下：《在歷史面前》書影，2002年8月臺灣海峽學術出版社出版。

2005年4月攝於北京清華大學辦公室

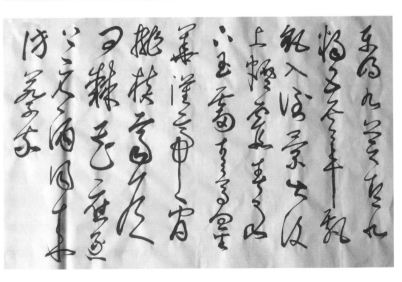

近年作者學習書法的習作，臨米芾、張旭書帖。

目錄

潤物細無聲

張方遠（專欄作家）

　　《荷清苑書簡》終於要出版了，吳國禎老師來信囑我寫一篇序文。作為長期受吳老師照顧的晚輩，我是沒有資格為這本書作序的。但是我又是《荷清苑書簡》每篇文章的第一位讀者，而且自忖思想上的轉變是受到保釣運動的啟蒙，因此還是樂意接下吳老師所交代的任務，希望藉這一篇文章重新回顧一下與吳老師交往的過程，以及閱讀他的文章後的所思所想，以祝賀《荷清苑書簡》的出版。

　　與吳老師的認識，緣於2009年參與了《崢嶸歲月・壯志未酬》的編輯工作，這部書是為了紀念保釣運動四十周年而出版。吳老師是保釣運動很重要的參與者，因此我們通過e-mail有了頻繁的書信往來，有時討論書中的細節，有時解答我的疑惑，有時吳老師也會分享他對於方方面面人事物的觀察與想法。印象很深的是，吳老師有封郵件回憶了他在金門服役當排長帶兵的經驗，由此總結出與人相處之道。當時信裡的這個小故事，吳老師其實是要安撫我對於社會複雜與現實的焦慮。

　　這本集子所收錄的文章，基本上是2011年開始吳老師在《兩岸犇報》專欄發表的作品。但是《荷清苑書簡》的雛形，其實可以再往上追溯到2010年初，當時吳老師因腿傷在家休養，就利用時間把

2004年以降與友人的通信整理出來，約有十萬字，他將這份材料取名為《荷清苑書簡——與友人書》，並以電子版的形式寄發給朋友們參考。當時我收到之後，將檔案列印出來，裝訂成冊，也回信建議吳老師不妨考慮找機會正式出版，發揮更大的影響力。在這份書信往來的紀錄裡，吳老師對於友人來信表達了他對於歷史、人生、社會、政治、文化、科學等各方面的想法，這些文字雖然是回應給特定的對象，但其背後所反映出的思想卻是極其廣泛的，體現了吳老師待人處事與思考反省的縮影。

後來，吳老師把寫信的對象進一步擴大到臺灣青年的身上，於是形成了他在《兩岸犇報》持續至今的專欄「荷清苑書簡——與臺灣青年朋友的通信」。吳老師的寫作，從來不是站在老師對學生，或是長輩對晚輩由上而下的角度，反而字裡行間充滿著溫和與圓融，一字一句都體現了吳老師的人格特質，不說理、不說教，而是說著一個個平淡卻充滿啟發的故事。這本書裡的每一篇文章，都來自於吳老師的親身體驗，因此格外真切，透露出了豐富的弦外之音，潤物細無聲。

《荷清苑書簡》的寫作風格不是特別經營或雕琢出來的，同時具有自然科學的冷靜，也有人文的深刻與熱情，我想這是因為吳老師經過保釣運動的洗禮，從而在他的文字裡留下了影子。年輕時候的吳國禎老師，建中畢業，考入新竹清華大學，役畢後負笈美國奧克拉荷馬大學攻讀化學博士，如此亮麗的學歷與現在「會讀書」的青年一樣，或許會被歸類為「人生勝利組」。但這種臺灣「知識青年」的典型塑造，一走就是幾十年了，「來來來，來臺大；去去去，去美國」被奉為歷久不衰的黃金圭臬，住在思想牢籠裡而不自知的結

果,就是意識形態愈形偏執。歷史給了臺灣青年幾次掙脫牢籠的機會,其中一次就是1970年代風起雲湧的保釣運動。吳老師成為保釣浪潮的一員,先是悲痛於領土主權的淪喪,接著覺醒於政治上的壁壘與對立,進而開始反省自己,重新接觸歷史、人民與土地,驅使著這一批臺灣青年,以社會科學的方式重新認識中國,於是保釣運動迅速轉變為社會主義統一運動。在那個東西冷戰、兩岸對立的年代,因為保釣運動帶來的思想啟蒙,以震撼人心的力量衝撞著禁錮、沉重與僵化的世界。

不僅僅是吳國禎老師,保釣浪潮襲捲了無數臺灣青年,不分文理,不分性別,不分省籍,有的留在海外奔走,有的回到臺灣扎根,更有為數不少的參與者選擇踏上充滿生機卻有待建設的祖國大陸。1975年吳老師飛越千山萬壑,突破重圍首次回到中國大陸延安等地訪問,拍下九百餘張珍貴彩色照片,紀錄了當時中國人民與土地最為純樸自然的一面,這趟旅程的圖文紀錄都曾在《兩岸犇報》發表過。在別人眼中殘破不堪的神州大地,但在愛國之人的眼中,仍舊煥發出美麗動人的活力。1977年吳老師從美國到北京定居工作,一直到今天仍在科研崗位上。後來因為研究保釣運動的關係,我才知道類似吳老師這樣經歷的臺灣人並不少,他們在那個鐵牆高豎的年代回到大陸,投入各個領域的發展,所以站在人民的角度來看,兩岸的歷史與命運一直是互相鑲嵌著,未曾中斷。

時代在變,世界的格局也在轉變,但其中必然有亙久不斷的價值代代相傳,歷史就發揮著如此的作用。吳老師把這本書收錄的文章依不同主題分成幾篇,細心的讀者應能發現,串連其中的主線就是歷史。作為一名自然科學家,吳老師最為看重的其實是歷史,

正如同他所說的這段話：「一旦有歷史感覺之後，看東西就會比較清楚。因為今天是從昨天過來的，所以歷史感很重要，歷史教育是核心。」我自認為是吳老師的忘年之交，我們兩人相差了將近四十歲，而讓我們超越重重差異能夠不斷對話的，就是共同體會到歷史的重要性。保釣運動的淬鍊，激發出了吳老師這一代臺灣人對於民族歷史的「溫情與敬意」，這也是他這些年來筆耕不輟，以及戮力於保存釣運史料的動力。

保釣運動迄今已經超過四十年了，很多人想為這個運動定下成功或失敗的結論，但我認為這並不重要，因為釣運還在發揮著它的影響力，默默啟發著這片土地上的人民。保釣運動還沒結束，《荷清苑書簡》或許也可視之為釣運的產物，它不斷在提醒著我們：歷史就在腳下。

吳老師曾經說過這樣一段話，我很受感動，並以此作為對自己的期許：「我以為一個人首先是作為社會的人……人首先應關心他的身邊，周遭的社會，以及他所生活的這個世界。」《荷清苑書簡》正是這段話的實踐，期待能繼續收到吳老師寫給臺灣青年的來信。

2016年元旦於燕園

上友古人、亦儒亦俠的臺灣囝仔

陳福裕（兩岸犇報社社長）

　　作為晚輩，我與國禎兄的互動不多，仗著幾分心氣相通的熟悉，一種說不上來的親近，多年來天南地北相逢，竟也就不曾和他認生過。

　　第一次見面，是在保釣前輩葉先揚教授的引介下，從臺北開著車送他回新竹。那是1999年初，國禎兄獲准返臺並在中央大學訪問講學，距離他1971年赴美，俟因參加保釣運動而被臺灣當局列為黑名單，足足有二十八個年頭。那時候，李登輝的「兩國論」蓄勢未發，國民黨因連宋失和敗相已露。一路上，車上的幾個人，間或地交換著對時局的看法，偶爾有些語言上的爭鋒。印象中國禎兄的話不多，大多的時間都在傾聽，只是在臨下車前，不徐不急的留下一段話，至今都還讓我覺得餘韻無窮。他說，「共產黨最大的本事就是團結人，你們應該好好地向它學習！」

　　其實，我有話要問，但礙於交淺，也害怕觸動心事，一時間就沒敢提起。在此之前，由於長期在「夏潮」學習和工作的關係，與當年在海內外參加保釣的許多前輩有著或深或淺的交誼，對國禎兄的人品和事蹟，多少也有聽聞。國禎兄出生在戰後，成長在一個冷戰肅殺、兩岸對峙的年代。那些年，臺灣作為美國東亞戰略的反

21

共堡壘，剛剛在新殖民主義東亞分工的編配下，通過土地改革和農村破產，初步實現了以勞力密集產業為基礎的出口導向工業化。戰後美國作為世界資本主義的脈管中樞，為了加強對亞非拉新興民族國家的支配，防堵社會主義陣營的擴張，一方面金援西歐及日本的戰後重建，協助其國民經濟的復甦；一方面大搞「新國際分工」，透過資本輸出和國際融資，在新興民族國家中扶持親美的軍事獨裁政權。這種扈從在以美國為梟首的「國家壟斷資本主義同盟」下的政權，或多或少都要遵從美國的意志，對內制定和執行服膺於新殖民主義國際分工的積累機制。這種由國家主導，在產業部門間進行人為切割的「跨國資本／國家資本」複合體（以臺灣為例，電子、化學一律是日資與美資的禁臠；紡織、塑料和成衣則是本土資本的天下），具有地緣政治格局下的特殊性，一方面既要服務於跨國資本的利益；一方面又要實現民族資本的積累，這只有在兩體制對立的歷史條件下才能獲得統一，在冷戰解體後新自由主義全球化的經貿秩序下，就毫無立身之地。

戰後初期，蔣介石政權正是在這種外部從屬於美國反共圍堵體系；在內部又缺乏強大的社會階級挑戰的歷史條件下，建構出超越一切階級、階層、集團和黨派的一元化個人獨裁體系。它一方面在政治、軍事和外交上成為美國的附庸與工具，成為美國遠東反共戰略的前哨站；一方面在內政上實施高度的個人專政，以威權主義國家機器和高度集中的國家資本來創造有利於資本積累和再生產的穩定的生產秩序。「新殖民主義」與舊殖民統治的最大差別，除了在形式上承認殖民地的獨立主權之外，有鑑於過去殖民主義國家為了確保對殖民地農業及原料的掠奪，往往與當地封建統治集團合作，

共同壓制民族資產階級的發展，從而擴大了殖民地民族民主解放鬥
爭的聯盟對象。新殖民主義在「現代化理論」的指導下，轉而積極
培植和聯合第三世界地區親西方的本土菁英，以西方社會做為「現
代化」範本，打造一個在經濟、政治、軍事、文化、意識型態等諸
領域都高度依附於西方國家的從屬結構。就是在這種「現代化」政
策的主導下，美國在臺機構不斷利用美援體制，以人員培訓、人才
交流等名義培養在臺代理人及其政策執行者。同時又積極地進行對
臺灣高等教育的改造，引進美國學制與教科書，並廣設獎學金鼓勵
臺灣學生渡海留學，培養了一代又一代親美反共的資產階級知識菁
英，盤據了臺灣政、商、軍、特、文教、新聞等諸多領域。

　　如果說，從1945年臺灣光復，到1952年實施農地改革之前的
這一段期間內，臺灣在半殖民、半封建社會的規定性之下，在國共
內戰的擴大和延伸的歷史條件中，整整一個世代的知識菁英為了新
民主主義革命，為了愛國民主運動，在法西斯軍事獨裁政權的鐵蹄
下奉獻了他們的青春和生命。那麼，從50年代白色恐怖以後，冷
戰架構下的軍事戒嚴體系以及新殖民地依附性發展的社會經濟結
構，卻使得臺灣戰後一代的知識青年喪失了他們的民族主義靈魂和
社會主義視野！這種情形，一直要到70年代初期經由「保釣運動」
的洗禮，以及隨之而來在島內展開的「現代詩論戰」、「鄉土文學論
戰」和民歌運動的啟蒙，才有了新的轉機。那是一個「來來來，來
臺大；去去去，去美國」，空氣中充斥著美式消費文化和自由主義
想像的年代，留洋鍍金無疑是臺灣工農子弟尋求階級翻身，實現自
我價值的不二法門。吳國禎當然也不例外。

　　上個世紀70年代初，隨著「美元／黃金匯兌機制」的崩解，加

上越南戰場上的失利，從國民政府退出聯合國中國代表席次、中日建交（臺日斷交）、尼克森訪華簽訂《上海聯合公報》、美軍退出越南戰場，到1979年的中美建交（臺美斷交），一連串的地緣政治盤整，標誌著美國東亞戰略的轉型。美國一方面推行「聯中抗蘇」，將中國納入國際分工，並於1969年7月底放寬對中國貿易與旅行限制；一方面執行「以臺制華」，鼓勵海外臺獨在美國本土生根發芽，並計劃將琉球群島（包含釣魚臺列嶼）的行政管轄權交給日本，以確保太平洋第一島鏈不因兩岸當局的和解而破局。1969年11月，美日兩國發表聯合公報，以「剩餘主權論」為由，同意於1972年將聯合國託管的琉球群島（包含宜蘭東方四十海浬的釣魚臺列嶼）交還日本。消息傳開來之後，引起海外留學生群體的激憤，一場標誌著戰後臺灣青年反帝愛國主義和社會主義思想回潮的「保釣運動」，首先在北美洲的港、臺留學生間展開，旋即蔓延回島內。

海外留學生群體是臺灣社會的一個小縮影，自有其複雜的面向，由於出身，也由於世界觀的差異，許多人選擇了迥然不同的人生道路。在這場標誌著戰後嬰兒潮世代自我啟蒙的運動中，隱然出現兩條實踐路線的差異：一部分人在國際冷戰和國共內戰的歷史格局中，標舉著自由主義的大纛，延續著戰後臺灣親美、反共的右傾傳統，在國府風雨飄搖的年代鼓吹「革新保臺」，搭著「美國號」順風車擠身廟堂，不分藍綠；還有另外一群人，從臺灣這個「反共冰箱」走出去之後，遇到70年代全球學生運動的左傾熱潮，在中國文化大革命和美國民權運動、反戰運動的漫天烽火中，「對社會主義的冷漠開始解凍」（王曉波語）。安娜堡「國是會議」之後，他們決心和國民黨的右翼學生劃清界線，轉向「民族統一運動」發展。這一條

從「愛國主義民主運動」走到「社會主義民族統一運動」的道路，開啟了島內外知識青年被蒙蔽已久的「左眼」，通過對馬克思主義經典的學習，通過對中國近代史、中國革命史和臺灣史的重新閱讀和評價，他們在「親美、反共」的雜草叢中，找到了臺灣人民反帝民族民主解放運動的歷史道路，將自己的命運與整個民族反帝、反殖民的光榮歷史結合起來。他們當中有些人，一小部分人，學成後（或放棄學業）回來臺灣「從事革命」，從「民歌運動」、《夏潮雜誌》到80年代風起雲湧的社會運動，都有他們的身影；還有一部分人，絕大多數的人，因擠身特工系統的「黑名單」而滯留美國，或在學界嶄露頭角，或辦雜誌傳播思想，教育一波又一波一樣是從「反共冰箱走出去的臺灣留學生」；還有一批人，放棄美國優渥的生活條件，回到社會主義中國，為祖國大陸改革開放事業作出貢獻。吳國禎就是他們的其中之一。

多年來，我的好奇一直沒能得到解答，經常私下揣度著：國禎兄當年頂著美國奧克拉荷馬大學化學博士學歷，放棄年薪近萬美元年收入的機會，從全世界消費生活最繁華的美國，回到剛剛結束文革動盪，人均所得不到三百美元的祖國大陸參加建設，還要冒著從此再也不能回到自己出生地的風險。這是何等的氣概與胸懷？又背負著多麼沉重的歷史承擔。這麼多年過去了，我沒能問，他也不曾提及，彷彿一切都是那麼的理所當然，像是波濤奔騰的江河最終還是要回到大海般的，毋庸置疑。一直到在編輯這一冊《荷清苑書簡》準備出版，我才從他提供的照片中，看到1975年國禎兄首度訪問祖國大陸時，在花園口黃河岸邊身著毛裝留下來的少年身影，恍惚間我才稍加明白，在國禎兄溫文儒雅的外在形象下，其實藏著一副

鐵錚錚的俠骨，是那種為了自己的信念和民族的未來，甘心以身犯禁的俠骨。

2010年，輾轉從老保釣的通信網看到國禎兄在病中寫給友人的「書簡」，表達他對歷史、人生、社會與民族前途的一些看法，語言平實，溫柔敦厚，讀起來心曠神怡。那時，我們正苦於島內校園耽溺於「同心圓史觀」的狹窄視野，也為青年朋友們的認同混淆感到憂心。利用到北京交流的機會，我直接了當的向國禎兄提出邀請，希望他能以書簡的形式在《兩岸犇報》開闢專欄，為島內青年朋友寫點東西、講講話。在這個網路信息爆炸，青年知識躲在社群媒體的「同溫層」相濡以沫時代，我當然明白，保釣一代人的宏大敘事，再也滿足不了臺灣年輕一代的小確幸。但我還是兀自相信，國禎兄以一個戰後在臺灣出生、成長，70年代到美國求學、參加保釣運動，隨即在文革後返回祖國大陸參與建設、從事科研教學的特殊經歷，通過他的學習、實踐和自我省察，一定能夠提供一些視野、一些經驗、一些思考和期許，與青年朋友們一起分享。

人在認識世界的過程，許多來自於直接生活實踐的經驗，但更多要借助於他人的間接經驗，才能擺脫一時一地的侷限，擺脫自己狹窄的視野，逼近世界和宇宙的「真實」。五年六十篇的「荷清苑書簡」，是國禎兄的辛勤勞動，也是他的無私分享，更是他上友古人、亦儒亦俠的人格體現，值得我們細細品嘗。

2016年2月19日
寫於新店魚養齋

序言

　　很高興，人間出版社將這本《荷清苑書簡》出版了。

　　先說明一下這《書簡》的由來。大約在2010年，我曾將過往給臺灣朋友的電郵信函中，比較有內涵的，整理出來，發給《兩岸犇報》的朋友，以為參考。以後，《兩岸犇報》的編輯和我說，我的這些所寫，還挺合適給臺灣的年輕朋友、大學生們參考閱讀的。這話也真，因為我的所寫，不少也是我平日在北京清華上課時，和學生們所談及的。於是從2011年的年初開始，我便開始在《兩岸犇報》上，以「荷清苑書簡」為欄目，每個月寫一篇。期間，感謝《兩岸犇報》的編輯給了我很大的書寫空間，而據編輯說，在網路版上，讀者對我所寫的回饋，還很積極，這樣我就稍微寬心了。於是，我就一直寫了下來，一轉眼，也就滿有五年了。因為，考慮到讀者大都是年輕的朋友學生，大家的生活節奏快，悟性應該也高，所以每篇我都要求自己不能長篇大論，凡事點到為止，其餘的不用我多說，大家應多能舉一反三，明白的。這樣，每期的每篇字數就控制在兩千字左右。

　　我寫這《書簡》的考慮，主要在於希望能給讀者傳遞一些大家可能較少有機會接觸瞭解到的課題，而這些課題又是我以一個過來

人的經歷，認為是很重要的認識或思維。我瞭解到，臺灣社會現在大家很關注所謂的「藍綠」或「統獨」的立場，而同學們在學校也不可能是社會氛圍下的真空體，因此可以瞭解到，不少同學也難免陷入這樣的爭議窠臼中。誠然，這些都是現實的問題，也是大家極力在探討，乃至希望能找到解決的方案。然而，我覺得這些還只是「表面」的現象，真正的關鍵，還在於大家是否能樹立一個開闊的而不是閉塞的，合乎理性的而不是隨意主觀的思維狀態，以及具有對於歷史和人文的認知，這樣的心胸和素養。我以為，如果沒有這樣的心胸和素養，而空談「藍綠」或「統獨」，特別對於年輕的同學來說，意思是不大的，乃至是給誤入歧途了。我寫《書簡》的目的，就在於希望能傳遞給讀者一種視野開闊，有理性思維的和具有歷史和人文認知的心胸和素養，這樣的氛圍和素材。明白地說，要談「藍綠」或「統獨」之前，先得樹立有這樣的心胸和素養，才是基礎。

　　以上這樣說，可能也太「政治化」了。其實，且不論個人的政治標準（這個說到底，還是個人自己的選擇），我想具有了這樣的心胸和素養，對於個人一生來說，無論對他的職業生涯還是生活的品質來說，應也是很好的一件事情，不是嗎？從年輕的學生時代，就注意培養這樣層次的心胸和素養，應是很及時，很好的一件事，甚且會是終身受用的。

　　我是本著這樣的視角，五年一路寫來。每月的每篇之間，也談不上有何關聯。現在整理出書，為著便於讀者，就將所寫的，大約分類集合成：學習、文史、兩岸、保釣、世事、憶往、哲理、生活等八類別。這樣的分類，自然也不是很嚴謹，因為其中的篇章也不是非此即彼，明確的屬於哪個類別，而是互相有重疊交叉的，這只

能是個權宜且方便的做法。每篇所附年月是原載在《兩岸犇報》上的時間，便於索閱。附篇的四篇也是我過去的所寫，因為和《書簡》的內容有關且具有互補性，所以也收集在此，以為參照。

我感謝過去的五年當中，曾經一路伴隨著《書簡》的讀者們。我也期待，過去未曾閱讀過《書簡》的新讀者，在閱讀了這個集子後，能有所收穫，乃至啟迪，這將是我最大的寬慰和高興的事情。最後，我也感謝《兩岸犇報》同仁的支持，不論是在過去的五年中，還是這集子的出版。我還要感謝張方遠和陳福裕兩位先生為這《書簡》的出版寫了序言。當然，也還要感謝人間出版社的用心，使得這《書簡》能呈現在大家面前。

吳國禎

2015年11月8日
於北京清華園荷清苑

學
習
篇

談大學的學習(一)

　　《荷清苑書簡》開頭第一篇要和大家談談如何過好大學的學習生活。

　　我是1966至1970年在新竹的清華大學化學系學習的。這雖然已是四十多年前的事情了，但至今印象猶深。我從清華畢業後，到金門當了一年兵，接著就到美國留學，因緣際會，在1977年就來到北京，在中國科學院化學研究所工作，1995年，轉任此地(北京)清華大學物理系教授。這當中的時光，我一直都在學界工作，並且也一直都和學生有接觸。經過這些經歷，回憶過往，特別是在新竹清華四年的學習，現在我就較有把握，可以和年輕的朋友同學(包括大學、乃至研究所的研究生也可以參考)談談如何過好大學的學習生活。

　　大學的學習，不論何系，我覺得最主要的是，學習好：何謂真、善、美。所謂真，就是不論是文科，還是理科，都得在大學的四年中，具備基本的科學素養，正確的思維邏輯方式。善者，這較好理解，簡單說就是有「悲天憫人的大愛之心」。美者，就是樹立好，較高超的對美好事物，不單是對繪畫、音樂等藝術作品，而是包括科學之美，自然之美，世間一切之美的感受和鑑別能力。這樣

在我們未來的一生中，都能夠有個堅實的自我認知，寬廣的胸懷、視野，從而不論處在何種順境、逆境，都能做到「自強不息」。不僅如此，對於我們生活的周遭世界，也能有所回饋和賦予——厚德載物。清華大學的校訓：「自強不息，厚德載物」，是梁啟超在清華大學一次的演講中提到的，以後就成為清華人的共識。這八個字，高度概括了從個人到社會的關係，實在是人生的座右銘，人生的指南針。

大學的學習，也不論是理科、文科，我覺得很重要的是樹立起一個有歷史觀的認知思維，做一個有歷史感的人。我們生活的今天，是從昨日延伸過來的，我們的今天，也必然往未知的明天延伸。明天、未來是真的不可知嗎？說是也是，說不是也不是。這是一個複雜的問題。但不論如何，一個知曉過往的人，總比不知曉的人，更能看清楚昨天和今天，也必然更能知曉明天和未來的可能。如此，這個人就說是較有「智慧」了。書本、課堂的學習更多的只能增加我們的知識，然而個人智慧的提升，就更多的有賴於我們的認真學習、思考和探討過往的歷史。我以為這在大學的生活中，是非常重要的一個內涵。經過大學學習，我們從一個「人云亦云」的小孩，能成長為一個具有歷史概念，看事具有一定「智慧」的人，這不就是我們大學生的渴求嗎?! 如何學習歷史，如何樹立起歷史的觀感，當然也不是一個簡單的問題，不論如何，這是我們一個努力的方向，我們追求的方向，不僅是在大學的這幾年，而且可以貫穿在一生中。

歷史的學習，自然不限於書本，而其內容也不限「你爭我殺」的政治鬥爭。歷史的視野是寬廣的。歷史的空間也是無限的，不論古今中外。自然，我們個人的興趣能量有限，學習歷史也必然

要有重點。我個人的愛好是人物的傳記，特別是中國的歷史人物。我以為人的一生就只能生活在一個特定的時間段，每人也只能過自己的一輩子，並且也差不多只能生活在一個相對固定的地理範圍。然而，通過對歷史人物事件的認知，就擴展了我們生活的時間和空間，這真是一個無盡無邊的自由王國啊！歷史的借鑑就是你能從古今中外的經驗裡面吸取一些可以超越自己侷限的東西，讓自己看事情看得明白，這就是智慧了。

2001 年底，我曾到陝西韓城拜謁司馬遷的祠堂墓地。元代忽必烈對司馬遷特別推崇，現在的祠堂墓地是忽必烈給修建的，其上有一株忽必烈手植的古柏。此地處在一個高矗的山崗上，往東，可以遠眺遠處的青山和由北往南的黃河。青山黃河，偉大的山河哺育了偉大的史學家司馬遷。我將在另文介紹我所知的他的史學態度和精神。誠然，司馬遷的史學態度和精神是中國人永遠的脊梁。

2011 年 3 月

談大學的學習（二）

　　大學裡，一般還是以課堂的授課方式為主。然而，我們還得承認課堂裡，老師所能教給我們的東西實在不多，如果再刨去一些無用的內容、課程，這樣，我們在大學裡所能從課堂裡學習到的，也就很少了。現在，上網方便，網上的東西，無遠弗屆，瞬時可得，即便如此，我們還忽略不得圖書館的作用。大學的學習，我以為利用好圖書館是很重要的一環，最理想的是能規劃好讀書學習的內容。在我上新竹清華的那個時期，清華就已有了很不錯的圖書館，特別是外文圖書的方面，可謂全省第一的。我那時雖然上的化學系，但卻從圖書館裡學到了不少物理，以及歷史的方面。所以，我很是感謝新竹的清華，從上圖書館，也培養了我一生自學的良好習慣。

　　一般人，可能不喜歡學習物理，然而學習物理是有趣的，因為它和我們的世界觀、認識觀有關。其實，不是專業物理的人也可以學習物理的，我也認為就算是專業學習物理的同學，將來也不一定還得從事研究物理學的相關工作不可。很多事實說明，學習好物理的人，將來不論他們從事哪個行業，他們的起點總會比別人高。這就是說，學習物理，不一定是「有用」的，但卻是「很有用」的。

　　我對物理可謂情有獨鍾，我既學習了化學，又學習了不少物理

36

的東西。在我的學術生涯中,物理的視角和思維方式,可謂助我良多。我們談及文學、藝術、音樂的偉大作品時,總會帶給我們難以言喻的「興發感動」,一種純真的美。如此的美感其實和物理之美是相一致的。而對物理的感悟和探索,也和對歷史的追尋(考古)是相通的──究天人之際,通古今之變。

現代物理學的認知,讓我們更加深入地瞭解到「辯證唯物」的思維基礎──物質是第一性的。誠然,舉如我們現在瞭解到時間、空間存在的基礎是物質,易言之,沒有了物質的存在,時間、空間也就不存在的。現在,我在北京清華物理系講授「混沌動力學」,從中,我更加體會到混沌現象的本質就緊緊和辯證法的思維聯繫在一起的。大家或也熟悉佛法,特別是禪宗的內涵,也是和辯證法相扣的。關於這些有趣而重要的內容,以後我還會再提及。

說起物理學家,我最佩服的是費曼(R. Feynman)。坊間關於他的書籍不少,建議大家閱讀。費曼不僅是位令人佩服的物理學家,更是一位純粹的人。他鄙視世俗的庸俗,也是個非常浪漫,多才多藝的才子,彷彿是物理真、美的化身。我們不僅在學習物理,也在其他方面,就要學習他的這種高尚的情操和素養。

大學裡,其他要注意的內容,還不少,我就簡單再說幾點:積極參加社團,結交不同專業的同學。雖然,現在打字代勞的情況多了,但能練好、寫好一手漂亮的字,也是自己一輩子賞心悅目的事。還有,有機會,除了英文外,能學個第二外語,如法語,也是很關鍵的。良好的生活習慣,不是天生的,完全是可以學習得來的。在大學裡,注意借鑑同學們的良好習慣,為之己用,也將是一生之福。

　　總之，我們希望大學的學習，能讓我們在各個方面都有一個較大的進步和變化。不僅學有知識，且能富有智慧，成為一個「不和一般人，一般見識」的人。

2011年4月

何謂科學精神？

　　我經常和學生講到這個事情：

　　大陸文革期間，有個在湖北下鄉，當「赤腳醫生」的女知識青年（當時的「知識青年」，就是初高中畢業生。「赤腳醫生」就是農村的衛生員。），在人們破除迷信的年代，冒險從燒毀迷信的火堆中搶回不少的算命書。這個女青年以為算命固然是迷信，但是這些算命書上有關人們指紋掌紋的記載，卻是幾百年，乃至幾千年積累下來的可貴的「記錄」。她於是潛心研究這些指掌紋。經過多年的探索後，她發現，一個人的指掌紋，隨著年紀的增長是會變化的，指掌紋上還會留有家族的遺傳病史的徵兆，個人的病狀也會在指紋上有所反映，還有中國各地區的人群有著不同的指掌紋特徵（這反映人口不流動的現象），等等。（命好命壞經常和家族遺傳病有聯繫。）

　　文革結束後，她把這些研究心得寫成一本書出版。我是在80年代初期，在北京電視臺的一個介紹她的經歷的節目上，知道這事的。當時，電視臺請她到北京的大鐘寺（一個有名的古蹟旅遊地），為南來北往的遊客「看手相」，主要看遊人的病史和家族病史，當然都是一些常見的病，如心臟病、糖尿病，乃至癌症。結果，當然不是100％都準確，但也有高達約70％的確定性。

　　從這個事情，讓我們瞭解到何謂科學精神！能正確認識到那些算命書上的指掌紋記載是和迷信無關的「記錄」，就是科學對待客觀事物的態度，就是科學精神。有了「客觀的資料（記錄）」，如果沒有科學的方法，邏輯的分析，也就不會有科學的理解和結論。說算命是迷信，應不是指那些關於指掌紋的記載，而是對它們解讀的方面。

　　「具體的情況，做具體的分析」是這個事情揭示給我們，對待事物、思考問題的準則。算命書上的指掌紋記載和算命書上的「解讀」是兩個不同的「具體的事物」，不能將它們混為一談，從而籠統地，不加分析、不加區別地一起批判、一起扔掉。事實上，從科學歷史發展的過程，我們瞭解到，科學也是逐步從「迷信」中，剝離出來的。在遠古，醫學就和巫術一體的。

　　更重要的是，這個事情告訴我們，科學精神和學歷的高低，學文、學理不是必然地聯繫在一起的。這個女青年雖然只有中學的學歷，但她確實是具有科學的精神的！如此的科學態度、精神不是很多博士、教授也能具有的。

2011年7月

介紹一些物理知識

有學生（非理科專業）問我以下問題，我覺得很好，料也是別的同學會有的問題，其中一些還關乎「哲學」的方面，或許大家可以參考。為了簡要點明概念，我就用不很嚴格的語言來說明。

問：何謂「熱」？

所謂的「熱」，就是指粒子運動速度的體現。我們為何感到一杯開水，比冰水熱？就是因為開水中的粒子（水分子）運動速度比我們身體的，快很多，而冰水的水分子，又比我們身體的慢很多。有了運動，就有了能量。這個能量是會傳遞的，運動快的粒子和運動慢的粒子相接觸（碰撞），運動快的粒子就變慢些，而運動慢的粒子就會快些。這樣，我們就感覺到「熱」的傳遞了。所以，「熱」是一個「表觀」的現象，它的本質是粒子的運動能。如果粒子不運動了，靜止了。這時，「熱」的內涵就是最低了，也就是溫度的最低點。

問：這樣說，所謂絕低零度，就是一切運動停止時？

是的。但是，情況比我們以為的複雜些，如果粒子（如電子、質子等）被侷限在一個小的空間的話，那它們是不能停止運動的。

在絕低零度時，它們還是具有運動著的能量。

這也和辯證唯物的哲學觀相一致——物質是運動著的，沒有不運動的物質。

現代物理學對宇宙、世界的理解，一再揭示唯物辯證的思想——物質是第一性的。

所以，具有現代物理學基礎的人，他不難認同唯物辯證的思想。

問：哲學大師馮友蘭說過：「物理學所說的物質，是自然界中的一種結構。哲學所說的物質，是獨立於人的意識之外的客觀實在。」

我以為兩者其實是一回事的。我們的物質世界，也是：獨立於人的意識之外的客觀實在和存在。

問：物質是時間與空間的交叉，可以這樣說？

這樣說，是有語病的（或不合適的，或不對的），以為有獨立於物質的時間和空間。物質是第一性的。時間、空間應說是物質的屬性。物質的存在不能沒有時間、空間。但是，不能沒有了物質，而仍然存在的時間和空間。這個思想，其實是愛因斯坦相對論的一個核心的思想。過去，從古代到牛頓到愛因斯坦之前，都認為，時間和空間是獨立於物質，而（先）存在的。物質只是擺在某個時間和空間裡。現在，物理學的實驗證實這樣的想法是不對的。我們的世界、宇宙，不是這樣的。

問：到底是說，牛頓從蘋果落地，而後知曉了萬有引力的存在，還是說，牛頓因為瞭解到了萬有引力，才解釋了為何蘋果會落地？

　　關於牛頓為何會想到萬有引力，是因為他見到了蘋果落地，從而受到啟發，還是，……？牛頓和蘋果的這個故事可謂人盡皆知。但是，有證據說，這不是一個史實。這個不是很重要。這裡的所問，其實牽涉到一個很基本的思維方式：是說：因為有了萬有引力，然後蘋果才會落地，還是說：因為蘋果落了地，才讓我們認識到萬有引力的存在。這兩個命題有何差別呢？前者說的是，因為有了萬有引力的理論，所以會有蘋果落地這樣的現象，而後者說的是，因為先有蘋果落地這個實驗的觀察，才讓我們有了萬有引力這樣的理論。前者的思維是，先有理論的建立，後有實驗的觀察，而後者的思維是，先有實驗的觀察，後有理論的建立。

　　就物理學言，我們必須堅持，實驗觀察的第一性，而理論的思維則為第二性。理論永遠必須接受實驗的檢驗，當實驗的觀察和理論不一致時，我們就得想到理論的可能缺陷。所謂：實踐是檢驗真理的唯一標準。

　　其實，蘋果的落地，固然可以用萬有引力的理論來解釋，還可以用愛因斯坦的時空彎曲的理論來解釋，就是所謂的廣義相對論。它的核心是說，物質的存在，會引致周遭時空的變化。所以說，蘋果落地這個觀察不必然導致萬有引力這個理論。

問：歐洲的撞擊器，找所謂「上帝粒子」，撞擊開後，產生的高溫會是空前的？有人說是大霹靂的樣子，杞人憂天？時間極短，範圍極小，不可能一個實驗就把地球毀了罷？

　　不是的。這些都是媒體聳人聽聞的不實之言。其實，為產生空前的高溫，以瞭解宇宙產生初期的情況，固然是目的之一，更重

要的是在尋找所謂的Higgs粒子。在我們日常的能量範圍，日常的溫度情況下，電磁的現象和所謂的「弱作用」（和原子核的蛻變有關的作用）是兩回事的，然而，按照目前的理論，我們已知道在較高能量的範圍，電磁的現象和所謂的「弱作用」會是一回事的。按照這個理論，還預言了一些粒子的存在，而這些粒子在過去的二十年內都從實驗上，先後找到了。可見這個統一電磁和「弱作用」現象的理論是非常成功的，讓我們瞭解了電磁的現象和「弱作用」的本質。這個認識過程和歷史上，人們曾認為，電和磁是兩個不同的現象，後來，知道了原來電和磁是同一種本質的過程，很是相似。

話說回來，按照這個理論，還預言了一個所謂的Higgs粒子，非常重要的是，Higgs粒子和物質為何會具有質量，或說是質量的來源這個問題有關。（物質和質量是不同的概念：如光是一種物質，但它並不具有〔靜止的〕質量。）就是說，如果我們能找到這個Higgs粒子，我們也就清楚了「質量」的來源，或說是，就瞭解了物質為何會具有質量，這是個很基本，並且是非常重要的問題了。就是為了這個緣由，歐洲各國（美國等）不惜巨額投資，建了加速器，來瞭解這個問題——來尋找Higgs粒子。但是，這個加速器，能否找到Higgs粒子，目前人們也不敢保證。能找得到，那就是一個劃時代的大事——人們認識我們這個世界的一件劃時代的大事！但是，也可能找不到。找不到，不等於就是否定了Higgs粒子的存在，或說是否定了那個統一電磁和「弱作用」的理論。果如此，事情就吊在半空中，不能肯定，也不能否定了，……。

（注：幾乎就在此文寫後沒多久的2012年7月，歐洲核子中心確認了Higgs粒子的存在。但情況似乎要比理論的預言複雜。所

以，這個探索還在繼續。也因此，2013年的諾貝爾物理獎就頒給了預言Higgs粒子的兩位科學家，Englert和Higgs。）

物理是很有趣的，它既是實驗的科學，還牽涉到縝密的推理和思維，乃至想像，又是具高度的，關於我們對世界認識的總結。對於它的理解似乎也沒有止境的。我有時讀讀過去學習過的物理領域，往往思而有得。這就表示，我過去沒有那樣（深入）理解它的意義。因此，有時一般的物理書，讓同學們不是那麼容易明白，很大原因是寫物理書的人，也未必很懂得所寫的內容。這樣的書，要讓讀者讀懂，自然也是不可能的。所以，我常和學生說，學習物理（書）不懂，先不要怪自己（腦子不好），很大的原因是，老師或書沒把事情說清楚。我以為真正懂物理的話，總能用最簡單的語言，把概念說清楚的，而不是從數學的公式到公式，這樣的過程。

如果說，哪個人最懂物理？我首推費曼（R. Feynman）。他的書值得讀。費曼去世後，他的學生出版過他生前的講課筆記，有一本是他講的關於引力的課題。該書從頭到尾，充滿了豐富的物理思維、邏輯，但是，書的結尾的結論是，他的這些想法都行不通。我覺得他是真正懂物理的人。前幾年，他的女兒，把他生前給朋友寫的信出版了。這書臺灣應該有的，大家可以看看，他確實是一位「實實在在的」人。他生前就很有名氣了，1965年得了諾貝爾獎。但他確實是沒有世俗的庸俗，他是一個真正的「科學家」。在東方的社會，大約很難找到像他那樣的（自然科學）學者。

2012年7月

和北京清華同學談學習

　　我有一個博士研究生赴日本學習了四個月。期間，他給我寫了一封信，談及日本師生之間的關係密切。我遂給他回覆，談及日本和美國研究所作風的不同。

XX同學：

　　謝謝你的來函。我很高興你在日本除了專業的工作，也很認真關注一些別方面的事情。

　　日本(人、社會)有它很獨特的風貌，就是團隊的精神。在企業方面，很多情況下是一個人在一個公司幹一輩子，視公司為自己的家。從學界來說，就是導師還負責學生畢業後的出路等等離開學校後的事情。

　　美國的風格就不同，注重個人的主體性、個人的利益。在企業方面，就是哪家公司給我好處多(薪金)，我就往那裡跑(此處所言，當然不能絕對化)。在學界方面，一個學生畢業的那天，戴了博士帽後，就和導師(所謂的老闆)平起平坐了，以後就靠自己了。老師最多只能起個幫忙的作用，這些幫忙都不是必然的。

　　二者應該說各有優缺點，日本式的優點，顯見。缺點是論資排

輩嚴重，一日為師，終身為師。嚴重的，一輩子被老師壓著。美國式的優點是大家平等，各顯神通，會有創造性。缺點是比較分散，難形成團隊。美國沒有如日本那樣，大老闆下還有小老闆。（在美國也沒人願意當小老闆）。

從科研的角度來說，我覺得還是應該在第一線為好。科研的工作是老老實實的工作，一個人當了大老闆，靠小老闆、研究生做科研，我以為這樣不好。

我在美國做博士後的老闆，之前在Princeton當教授，可能因為什麼原因沒有拿到終身教職（tenure），就離開了。但是，在Princeton那幾年，也帶出了博士生Smalley。這個學生就是後來發現C60的那個人，得了諾貝爾獎。學生得獎，歸學生得獎，我這個老闆也並未因此而得到任何的「好處」。而這在日本、東方的社會，就不一樣了。

你所提有關清華物理系研究生的問題，值得系裡老師的關注。不論如何，學校、物理系的上上下下，應該更多地關心同學們。你大約還有印象，我上第一堂課，總愛說的一句話：學不好，怪老師。此話雖有誇張，但就是一個意思，不要總把問題推給學生。學為人師，教學相長。Feynman說過，他很難理解一個不教課、不和學生相處的老師。他認為，他就是從和學生相處中，獲得很多很多。

我也很贊同這句話，學校應能──把「差生變成普通生，普通學生變得優秀，把優秀學生變成菁英」。

當然，我希望和我一起工作的研究生，對待工作都有「熱情」。但是如果他們並不完全如我所期待的，那我也不會太失望。我會告訴他們：不要浪費做研究生這段學習的時間，固然你的「熱情」不

高，但應還是把工作努力做好。將來畢業出去了，再去做別的（非物理）事，也不遲。總之，不要浪費人生的一分一秒的光陰，你的努力，總不會白費的，即使你將來不再從事這個工作了。

不論研究生還是本科生的學習，都一樣，要有「興趣」，覺得「好玩」，有「意思」。我覺得這是科研中最重要的因素環節。

你最後談及，國內外基礎科學教育研究的差異何在？這個我說不準。可能最大的區別是我們這裡「被動的學習」太多了，而缺少了「主動的學習」，例如：單純筆試的多，而少了寫文章論文方面的訓練。

2012年10月

也談學習上的問題

　　多時前，有我過去的學生給我傳來網上的一篇文章。文章的作者過去在大陸的一所名校學習物理，以後到了美國留學。在大陸和美國兩地上課、學習的不同，給他很深的震撼和觸動。「不以人廢言，不以言舉人」。這篇文章的確點出了大陸過去一段時期（應該說目前還是）教學上的缺點。其實，我看這個缺點有共性，不僅在大陸有，在臺灣，乃至在東方的社會裡，也八九不離十。可能，因為我也在美國留學過，所以對其所提比較敏感。以後，我就把這篇文章作為我的學生上我的課的必讀參考。以下，我就摘錄其中重要的幾段，並附上我的點評。我希望這些有助於同學們理清一些學習上可能遇到的疑惑或不解：

　　一、中國大陸留學生在美國念研究生課程並不費勁，也因此自傲並瞧不起旁人的挺多。但是在大學的幾年裡，我對科學的經驗只是考試和做題，不要說沒有學到如何做科研，聽過多少科學報告，就是如何查文獻也基本沒有學過。我在美國學習的第一件事，便是學習基本的講和寫。

　　點評：誠然如此。我們的教育更多的是讓學生處於被動的情

境。考試出題，學生「被動」地回答問題。多年前，我在一個班上給同學們開卷考試，我本想給同學們送分數，試卷的最後一道題是讓同學自己出題，自己給答案。結果是，居然沒有同學能做出這道題。我現在經常要求我的學生能就自己所學的一個小範圍的命題領域，寫一篇敘述它的短文。這樣的學習效果會是很好的。自己寫了，不懂的地方就迴避不了了，同時一些觀念也能弄得清清楚楚。我自己也經常就自己思考的一些問題，結果寫成備忘錄、短文的。我以為這是一個很好的學習習慣。

二、某些老師，愛在學子面前，將科學講得高深莫測。中國的普通物理課一上來便是抽象的教條。我在美國，才學會如何將一個複雜的問題講和寫得簡單易懂，領略到科學的精神其實就是將一個複雜的問題表述得簡單易懂。

點評：我上物理課，向來反對把問題搞得複雜化，也反對出偏題、難題考學生。一個問題，如果你是真正懂得的話，多半能把它表述得簡單易懂。出難題、偏題考學生完全無意義。在科學的研究上，主要還在解決問題，弄清楚問題的本質。科學的研究不會如此類難題、偏題的。因此，學習這些難題、偏題沒有實際的意義，它也不會提高對物理的理解。這樣的學習方式對於培養科研的能力也沾不上邊。我也反對學習太多。我常和學生說，一些課題等到了有需要時，再學也還不遲的。關鍵的是，除了要知道自己懂得了哪些外，還要知道自己哪些東西還不懂，還沒有學過。我們就怕，自己不知道自己哪些東西不知道！

　　三、美國學生一般沒有中國學生知道得多，問的問題也天真；但好的學生往往能問出好問題。美國學生還有一個特色，就是他們十分熱愛自己的專業，比如學生物的從小便做野外觀測，案頭常常放有自己幼時親手採來的標本，有的假期依然重操舊業；學物理的十分熬得住，四十出頭一無所有依然熱忱不減。而決定中國學生所學專業的其實是高考分數，所以中國留學生們在這裡一有風吹草動便紛紛跳槽轉業。也許過多的知識讓我們早熟了，失去了在科學上的童真和熱情。

　　點評：我覺得美國的校園，至少在我比較熟悉的理科領域，是個氛圍成熟的地方，人們為興趣、為自己的需求而來上學，教授們大都也是為自己的興趣而工作，功利性很少、不多，而不食人間煙火者，還真是不少。社會上世俗的名利場在校園裡很少。現在的大陸校園就缺少了這種樸實純真的氛圍。我以為科學的發展、知識的追求就是不能少了這樣的氛圍。

　　四、書中的每一條都是真理，因為每一條都可能被考到。讀書要以書為主，掌握了一個「正確」的理論體系，就是掌握了真理本身。迷信理論體系，也是我們中國的特色之一。而林林總總的科學文獻中，有對的、有錯的，所以讀科學文獻，要擇要、要懷疑、要分析、要推理、要「不信邪」。美國教育體制似乎並不在乎給學生一個完整的理論體系，而在乎給學生一個分析資訊的方法，讓我們明白即使是科學也有不完美的地方。遇到問題，美國學者的第一本能便是想想「圖像」──想想已知的事實的前後順序，而不是像我們中國人那樣開始一頭紮進理論體系，或是像俄國人那樣開始解方程式。

　　點評：誠然如此。我們學校的教育，特別是物理的教育，往往陷入一種所謂的「理論體系」的學習，認為學生主要把這個理論體系學習懂了，就是目的。這樣的觀點，其實違反了科學發展的真實情況。寫入書本的科學知識都是已經經過了挑選、打磨，都已經不是這些知識產生過程的本來面目了。科學的知識原本於對世界的觀察、瞭解，這是第一性的。科學的學習也應從這裡開始，而不是從理論、從公式著手。迷信所謂的「理論體系」往往和迷信書本、迷信「本本主義」是一回事。我們自然不是反對所謂的「理論體系」，但那是高層次，高度概括後的結果，是為人們所「後知後覺」的東西，而絕不是科學的原本出發點。

2014年3月

為興趣而學習

　　上大學院系所學習的內容，固然不少是同學們的選擇，但不可否認的是，這些所上的院系，在上學之前，未必完全瞭解它們的內容。這就是說，帶有一定的盲從性，這也不奇怪。現在，念大學，學的什麼專業，和畢業後的就業所做，乃至上研究所繼續深造的專業也不必完全相同。我往往遇到我所在的物理系的同學問我，他們並不喜歡學習物理，該是如何辦？我就直率地告訴他們，既然已經來到物理系學習了一段時間，還是繼續學習下去，做事有始有終，等畢了業，再從事其他的選擇，也不遲，當然，現在學校對於選課也比較寬鬆，可以多選一些，或多旁聽一些感興趣的課程。我也告訴他們，對於學習基礎科學，特別是物理學科的同學，因為思維的學習和訓練，他們將來即便從事不同的行業，他們的起始點，也絕不會低於，甚至高於其他院系所學的同學。情況確實如此，物理的訓練，最能提升一個人的思維、邏輯和素養。

　　我這樣說的意思是，除了在大學裡課堂課程的學習外，對於感興趣的各個方面的學習，確是不可或缺的。既然是為感興趣的學習，就不會，也不應問有何用。同學們經常問我：哪些課程對將來的研究領域有用否？我也直率地告訴他們，一個課程、領域，如

果被人們認為是有用了，那你再去學習、掌握，肯定就是後知後覺了，就不會再是創新、創造之舉了。有用沒有，完全是我們主觀的判斷，而不是必然的如此。現在認為無用的，將來難說，絕對無用，現在有用的，難說將來還是有用的。人們往往近視，只看目前的職場的行情，而選擇所學的專業，殊不知，職場行情時有起伏，風水輪流轉，一個所謂熱門的行業，必定是千萬人的所向，你在這個洪流中，肯定不會是領頭者，而往往是下游者了。如此，你還去爭什麼了呢？職場如此，研究的領域也是如此。

我在美國念研究所時，老師們最愛說的一句口頭禪就是：「這個看起來有趣！」想想，這句話還真有道理。很多的科學發現都不是經過專業的學習，按照一定的模式，一步步程式，而達到的。很多的發現都是在無意之中，因為人們的感興趣，一刨到底而被發現的。所以，過度的強調學習的全面性，學習的所謂打牢基礎都不是合適的。所謂，學習要活，不能死學，一個重要的內容應就是為感興趣而學。

關於這個話題，我是深有感觸的。我在臺灣清華上學時，就對數學中的《群論》感興趣，在大二、大三時，我就自學了。這個課程，即便是目前的化學系、物理系的同學，看你的專業領域也不必然是必修的。反正，我當時就是覺得它有趣，就學習了。到了我工作以後的80年代，我也對混沌的領域感興趣，這樣，我也逐步關注、學習了混沌，包括非線性方面的知識。這些領域、內容，就我當時的學習或工作環境言，確實都是無用的！然而，事情就是有這麼湊巧的，到了90年代，我發現，我居然能把這兩個方面的知識，結合起來，用於我的研究領域，使得我的研究工作有了新的內

容，新的創新的動力。這是我始料未及的！假如，沒有我在大學時期和工作以後，為感興趣的學習，自然，就不會有我現在工作的成果。我對此深有感觸，我現在也以我的親身經歷告訴同學們，不要絕對相信學校課程的安排是完全的、完整的，反而，可能會是有不足的。一個循規蹈矩，只學習書上和課程的同學，他的成績可以很好，但很可能也就失去了將來創新的機會了！總之，我們為興趣而學習，不能帶著「市儈」的視角，問起有用無用，這樣的心態來對待！為興趣而學，也必然養成自學與終身學習的好習慣！

一個人能做什麼，適合做什麼，恐怕不是他所學習的專業所能唯一確定的。人的職業多少還是為著生活而奔波。事實是，人們經常為著生活，不得不做著自己不是特別喜歡或合適的職業。有時，現實似乎是無奈的。也因此，現在，不少人提出人們應該早些從第一個，多少是為著生活的職業退休下來，這樣，可以開拓真正自己感興趣的工作（職業）。從這個角度言，年輕時候，因感興趣而學習到的知識，似乎就是一個必須了。這樣，當他退休時，這些知識就能大大豐富他的退休後的生活了，或還能開拓他的事業的第二春呢。

2014 年 10 月

談讀書

　　我小時在花蓮，那時家裡、學校除了課堂的書，以及一些連環畫外，幾乎就沒有什麼書可以讓小孩們讀的。等我上了中學後，才開始有書可讀。臺北建國中學的圖書館，藏書多，我開始有了閱讀課外書的經歷，但因為課業的學習很重，閱讀量也不多。臺北的重慶南路是書店雲集的地方，也是我在下課後，有時和同學們去逛的地方，但那時，由於家庭經濟的情況，也很少買書回來認真閱讀的。當時，建國中學旁的「美國新聞處」也是我常去之處，但那些英文書，對於我們中學生，也不是容易讀的。學校附近牯嶺街的舊書攤，在當時是有名的，也是我們同學常去的地方。但是，那裡的圖書，種類紛雜，頗令人有無所適從，不知該挑選什麼為好的感覺。當時的學校教育，也不怎麼重視課外的閱讀，主要的原因，除了臺灣那時的經濟還差，同時，升學的壓力也大所致吧！現在回想起來，如果那時，能有人稍加指引該讀何書，對於具有強烈求知欲的我們，那該是多好的事啊！說起這點，還讓我憶起一事。有回，上高中的哥哥告訴我，他們班上的老師，在課堂上，提及他在大陸時，讀過艾思奇寫的《大眾哲學》一書。當時，臺灣的政府對於大陸的書籍，是全面禁阻的。這老師的一句話，自然引起我們的好

56

奇。事情說來也巧，也就在之後的幾天，我居然在牯嶺街的舊書攤
上看到了《大眾哲學》這本書。第二天，我和哥哥就到了該攤舖，
想買這書。攤舖老闆知道這是本禁書，奇貨可居，就要高價新臺幣
八十元才賣，這自然是我們買不起的。以後，我再幾次去，想翻閱
該書也不可得，料是被人買走了。

　　我在新竹清華上大學時，課業也不輕，也沒多少時間讀課外的
書。倒是，那時我雖在化學系，但對物理情有獨鍾，也經常泡在圖
書館裡，讀物理方面的課外書。現在回想起來，也因為沒人引導，
讀書的效率也不高。這固然是缺點，但有時也會給人一點意外的收
穫的驚喜。我現在回想起來，沒人指引，固然難免如無頭蒼蠅，但
倒是有可能走出一條人們都不知道的道路。我以後在專業方面的成
果就說明了這點。這樣看來，不靠他人指引，自己摸索，反而是值
得的，雖然這一條道路，走起來是很辛苦。

　　70年代，我在美國留學時，遇上了海外留學生的「保釣運
動」。那時，參加運動的臺灣學生多大量地閱讀了「五四」以來，在
臺灣是禁讀的各類圖書、文學作品等。這就大大開闊了我們的思想
空間，有了這些做基礎，也給日後對於如何看待兩岸關係的問題，
兩岸社會、政治的問題，乃至世界政治大事的問題有了一個具體明
確的視角方向。那時，我也讀了幾本艾思奇的書，包括那部膾炙人
口的《大眾哲學》。該書深入淺出，用平凡通俗的語言介紹了辯證
唯物的思想。這書在40年代末，影響很大，它讓很多青年人學會
了如何看世局。毛澤東高度讚揚該書，說它的作用比得起幾個師的
力量。那時，我還看了一本叫《毛澤東思想萬歲》的小冊子。這書
是大陸文革時期，紅衛兵的手抄本，內容包括有毛澤東在一些非正

式場合的講話。通過這個小冊子中毛的講話，讓人們看到了一個活生生，幽默詼諧的毛澤東。毛對很多事情，包括歷史人物、事件的看法往往有其獨特的視角和見解，讓人印象深刻。我們在臺灣時，也都讀過蔣介石的各種文稿、文告，如《蔣總統嘉言錄》，但其中除多盛讚曾國藩的家書之外，印象不深。近年，蔣的日記也公開了，不知道他的日記是否也反映了他為人所不知個性的另一方面？近年，大陸出版了《毛澤東評點二十四史》的大冊圖書。能閱讀完歷經千年的二十四史，並且還有點評，非一般的人（即便是史學專業者）所能做到的。這套書我有機會翻閱過，看到毛很精心地在古書上做標點，在書的扉頁上，寫注腳（他的筆跡是很正規的行草書體），他似乎讀史是以人物（列傳）為線索引繩的，特別是其晚年的批閱多處，寫有「叛臣、奸臣」的注腳。他在關於「樑上君子」的段落上，批寫了「人在一定條件下，是可以改造的」，還批有「殺降不可，殺俘尤不可」，以及感嘆之言，「時來天地皆同力，運去英雄不自由」。我看他直到去世的前一年（1975年8月）還在閱讀這套書，很是感人。這也讓人們瞭解到毛澤東一生勤快讀書的個性，讀書是他最大的愛好。不論是贊成還是反對他的人，都得看到，毛澤東和清末以降的仁人志士一樣，為了拯救中國而奮鬥了一生，並且取得了莫大的成就。他的晚年固然犯了很大的錯誤，但不以其誤，而廢其所言，他所指出中國社會的矛盾、問題的所在，並沒有錯，他所指出的中國人應該奮鬥的方向、目標，也並沒有錯。一般人，可能多只看政治方面，毛澤東的得和失，而少有較深入認識和瞭解，作為一個文人方面的毛澤東。我們或可以瞭解到，毛澤東綜合了中國幾千年的歷史經驗和智慧，並與傳統的文化相結合，豐富、擴大了

中國人的思維空間，這是值得我們後人珍惜的。

　　這些年，兩岸社會都有很大的變化，現在臺灣已經很開放，大陸的圖書也很容易買得，我在臺北的一個書店，還見到大陸出版的《毛澤東選集》，甚是難得！只是不知道，在臺灣開放的社會中，是否還有人們能有意識地從過往的「反共」的窠臼中，解脫出來，從中國近代歷史的角度，以更開闊的視角來看待毛澤東，以及和他一生緊密相連的共產黨的歷史否？大陸這些年的變化，也很巨大，經濟是發展上去了，但是人們似乎也陷入了迷惘，一些傳統的價值觀，社會正義的價值觀卻受到漠視和挑戰，這是令有識者憂心忡忡的。

　　我在大陸多年，時有機會到各處去，我也不放過到各處的歷史古蹟去參觀的可能。這樣，多年來，我以前在臺灣念中學時，培養的對於讀史的興趣，就有了延續，並且沒有間斷。當然，我只是業餘的愛好。我到各地去，經常買些該處出版的關於當地歷史古蹟的書籍。多年下來，家裡居然收藏了不少這方面的圖書，儼然成了一個小的圖書館。因為，這些地方都是親歷的，再讀它的歷史，就備感具體實在。這也成了我業餘的最大愛好。我深感，歷史的學習和借鑑，讓人能從古今中外古人的經驗裡面，吸取一些可以超越自己侷限的東西，讓自己把事情看得明白，這不就是智慧嗎？

2015年7月

兼談語文和古文的學習

　　我的學生們經常面臨寫英文學術論文的困難。我發覺如果讓他們直接寫成英文，我再給改，這樣就很困難給改。這不單單有英文語法的方面，還牽涉到語句邏輯的方面，這樣我給改文章，幾乎等於重新寫一遍。我於是讓他們先寫成中文，把句句、段段之間的邏輯秩序都安排妥當了，文義清楚了，重點也突出了，然後，按逐句再寫成英文。這樣，我就好改了，因為不牽涉到句句之間、段段之間的問題，而只是一個句子內，語法的改動，中英文之間，表述不同的改動而已。我這個做法的緣由乃在發覺，學生們之所以英文寫得不好，不單單是語法、結構方面的問題，他們的英文學習了多年，對語法和句子結構的掌握還是可以的。關鍵的是，他們缺少在寫一篇文章時，要注意思路表述的邏輯發展層次問題。簡單地說，他們沒有或缺少句句之間的邏輯聯繫關係、段段之間邏輯發展聯繫關係的概念。他們的英文寫不好，其本質乃在語言表述，邏輯層次的問題。他們缺少了這些概念，則不論寫英文、寫中文都是詞不達意，文義不清的。一句話，英文寫不好的根子還是在中文寫不好。

　　文字的書寫，和語言是有所不同。語言從小幾乎不費何功夫自然就學會了。雖然如此，每個人說話的邏輯、清晰度還是會有所

不同。其實這也反映著一個人的思維邏輯層次。有些人言簡意賅，有些人說了半天，仍然無法讓人解其意。比較起語言的學習，文字的書寫則需要更深層次的學習和鍛煉，不能完全說，寫文字材料，就是文如所言，把言轉成文，就成了。語言、文字功夫的學習和培養主要在小學、中學，自然大學階段也應該重視，只是一般的大學教育對此都不重視。美國的中學教育，對於英文的學習是非常重視的，反觀大陸、臺灣可能也差不多，反而更重視數理化的方面，這就偏頗了。說起大學的語文學習，我們那個年代的臺灣的大學就有大一一年的國文課，我覺得這是非常好的。我還記得，我在新竹清華的大一時，有位曹老師給我們上大一國文。曹老師的教材和別的學校有所不同，一般的學校，都是取從市面可以現成買來的，如史記，等。曹老師的教材都是活頁的來自不同的出版社，不同的管道，並且量大，特別是涵蓋了清末、民國時期一些名人的所寫，既有書信、小品，抒情的，也有對時事的議論，等等，幾乎是包羅百象了。這門課，對於從中學學習過來，相對單一的語文內容來說，確實是讓我開了眼界，至今印象尤深。多年以後，我回到臺灣，想再找到這些教材，而不可得，感到非常遺憾。

　　我們那個年代（60年代）在臺灣上中學的時期，對於範文的學習是很重視的，這些範文絕大都是經典的古文。多年後，我才深感這樣重分量的學習古文，讓人一生受益。這幾年，臺灣是這樣，大陸也一樣，對於古文的教材，壓縮了很多，理由是現在人們用的是現代的白話文，不再是文言文了。這樣的看法，很是粗淺。白話文的基礎在於古文。我們看民國年間的一些學者，為何他們的白話散文，都成了經典呢？他們其實都有著深厚的古文基礎。語文教育，

如果只就白話文而教語文，那肯定是捨本逐末。這些年，大陸這邊越來有越多的人，提及應該更重視古文的學習，並且提議大一要有中文的課程。這樣的呼籲、觀點是對的。

經典古文的流傳有上百上千年，它們能歷經漫長歲月的淘汰而留存下來，自有其不朽性。古文的一個字、一個詞往往就能表示很明確的意思，這是古文能夠簡約的原因之一。現在白話文的幾十個字詞，往往還不如古文的一、二個字詞的分量。我還特別欣賞古文的邏輯性，我以為這是學習古文的重點（之一）。文字書寫能具有清晰的邏輯性是一個很基本的要求。此外，古文大都具有優美的韻律感，讓人心賞。古文中，也經常有比喻，這些比喻往往反映了古人從對大自然的觀察中，所領悟的關於人生的哲理。這些哲理，對於當今的我們，也是對待生活、對待世事，很好的一種參考、借鑑乃至是智慧。古文的虛詞在白話文中，雖然退化了，但是，在白話文中，如能巧用虛詞，則可以起到畫龍點睛的作用。猶記得中學時的國文教材就附有虛詞的解說、用法，我當時非常喜歡讀這個附錄。把虛詞給掌握了，對於古文的精華也掌握了大半。我還記得，有一次考試，老師出的題目，就是把課堂上沒有學習過的一小段古文中的虛詞給拿掉了，讓同學們來填寫。那次全班居然只有我一人是全對了，還受到老師的稱讚。這是少年時美好的回憶。

大陸這多年來，所謂的「黨八股」文風盛行。所謂的「黨八股」就是沒有實質內容，邏輯混亂，不知所云的官場文章。臺灣這幾年，聽說在「本土化」的名堂下，對於中國傳統的東西，包括對古文的學習，乃至中國歷史的學習（本質上，文史不分，離開了史，無法談及文；反之，學習文，也不可能不涉及有關的史）多所偏廢

乃至廢棄，這其實是「自我廢功」的愚蠢做法。

一個有益的經驗是，我們得強調寫文章、寫材料是給人看的，這個看似再淺顯不過的概念，卻往往為人們所忽略。我們寫東西，經常容易主觀，也容易犯下一個毛病，因為是寫自己懂的東西，就容易把該交代、該說明的東西給忽略了。因為自己懂了，就下意識地以為讀者也能懂得。缺少了這個意識，寫出來的東西，往往就對事情的來龍去脈，沒有清楚的交代（因為本人很清楚明白，反而也最容易遺漏了），他人自然無法瞭解。我經常給學生們說，你寫後，不要以為自己看的明白就好，你還得換個別人的角度，看看對所寫的，能否明白。如果，閱讀的人還要帶猜、帶想，那不能說人家水準不高，看不懂，而只能怪自己寫東西，不清楚，該交代的地方，沒交待清楚。因此，寫東西，得要不厭其煩（不厭其詳）地把想要表達的意思，想要讀者明白的東西，說得清清楚楚。這樣，我就要求學生寫好文章後，先放個一、二個星期，等對所寫的沒有印象了，再拿出來看能否看的明白，再對所寫進行修改。我也建議，特別是理科同學在寫論文時，可以先給他們的「外行」同學看，看什麼地方，看不懂，就改寫什麼地方。直到外行的同學也都能一目了然了，那肯定就是沒問題了。我發覺這是一個有效改進書寫的方法，我對自己的所寫也是按這樣的方法來處理的。有了這樣的心態轉換（處處為讀者想）──時刻提醒自己，這樣寫，讀者能明白嗎？寫出來的東西，即便是所謂的「深奧」的東西，外行人一讀，也必然是「深入淺出」的。寫東西，就是要有這樣精益求精的精神，才能對得起讀者。

2015年8月

文史篇

關於史記

　　百年前，發現的商代甲骨文，開啟了我們對商代信史的瞭解。之前的商代只見於史書，因此曾引起一些人的懷疑，他們認為商代只是傳說的，如司馬遷《史記》中的〈商本紀〉之所述的商代的諸王世系，未必是真有的。

　　上個世紀初，學者王國維從甲骨中，破解了商王的世系，令人吃驚的是，和司馬遷《史記》中的〈商本紀〉所述的商代的諸王世系，完全一致。我們想到，司馬遷那時應該未曾見過商代的甲骨和甲骨文的。那他如何從文獻中，或其他的管道，如口傳中，記錄下這個可信的歷史資料呢？不論如何，有一點是確切無疑的，那就是司馬遷是個嚴謹的史學工作者。用我們今天的科學語言來說，就是他具有嚴密的科學精神，他掌握的歷史資料（數據）是嚴格可信的。我經常給物理系的同學說這個事情，要他們注意，千萬不能make data（偽造實驗數據）！

　　多年來，出土青銅器上的銘文，也一一驗證了《史記·周本紀》中所述的周王世系，只是，〈周本紀〉中提及的孝王，卻一直未見於青銅器上的銘文，這不免引起人們對司馬遷《史記》記述的準確性的懷疑。然而2003年寶雞農民無意中發現了屬於單氏家族的青銅

器，該青銅器上的銘文詳細記錄了這個家族世代勤周王的歷史，其中明確提及了孝王。周孝王因為在位時間很短，所以，遺留下來的青銅器和銘文就很稀罕。這又一次證明，司馬遷《史記》的可信性。

由於《史記》的這些可信度，讓人們對於《史記》中所記載的遠古傳說，如三皇五帝的真實性，感到了可能。最近，在山西陶寺發現的古代遺址，就有認為是堯所建都的平陽。

近年的考古還說明，司馬遷《史記》中，關於阿房宮華麗建築的記載，可能是源於阿房宮設計圖紙的文獻而已，而不是阿房宮真的已為秦始皇所建成，因為，在阿房宮的遺址並未見有過火的遺跡。這導致後人，如杜牧寫的「楚人一炬，可憐焦土」，以為阿房宮被焚毀的說法。看來，阿房宮並不曾為秦始皇所建成。

另一點，讓人瞠目的是，司馬遷《史記》中的〈秦始皇本紀〉裡，有「禁不得祠」四個字。禁不得祠的「不得」疑為buddha（佛）。這點和法門寺出土的佛指舍利，何時傳至中原地區的說法有聯繫。按可信的記載，法門寺出土的佛指舍利至少在北魏時，就已為朝廷所供奉。傳說中的說法是，這些舍利子在漢以前就已經傳來中土了。因此，完全有可能，秦代時，中原一帶就有不少的佛寺。這導致秦始皇「禁不得（佛）祠」了。如此，佛教傳入中國的時間應早於一般所認為的東漢永平年間，白馬寺諒也不會是中國最早的第一座佛寺。佛教的傳播和文化的傳播一樣，應是一個逐步的歷史過程，不會是「一匹白馬馱著經書到洛陽的白馬寺來」這麼戲劇性。我查了一些《史記》中〈秦始皇本紀〉的譯文，均對「禁不得祠」含糊過去，大約譯者也是不懂其義的。

近年的考古發現愈發證明司馬遷是一個偉大的史學家，他治

史的嚴謹性、科學性是讓人景仰的。而近數十年的考古發掘成績斐
然，也改變了不少我們對先秦歷史文化的看法，這些是很有趣的。

2012年12月

再訪臺灣史蹟

我們看清朝的歷史，清朝其實比中國各朝代都有為的，至少比明朝都有為，特別是清朝初期。中國現在的版圖範圍就是清朝初期確定下來的。

現在有一種誤解，就是認為清朝對臺灣的態度是認為臺灣是化外之地，無所謂，甲午戰敗，所以就把臺灣給割讓了。這是一個普遍誤解。怎麼說呢？鄭成功把臺灣作為反清復明的基地，一直到康熙二十二年，被清朝統一了。統一以後，當然清朝早期那個年代，還有海盜的問題，也為了防止反抗勢力，曾經有一段時間，是禁止福建的老百姓移民到臺灣的。但是，這樣講不等於說清朝政府對臺灣就不夠重視或者怎麼樣，不能夠簡單這樣講。我在臺灣時，就特別到臺灣的一些古蹟去看看。

新竹市有個城隍廟，城隍廟旁有一個夜市，這個夜市挺興旺的，我念清華大學時，就很有名了，到現在還是很有名的。現在大陸的遊客去臺灣，很多都要到新竹城隍廟夜市去逛逛。這個城隍廟呢，我那回去看了以後才知道，它的歷史都有兩百多年了，裡面有一個光緒皇帝頒的大匾，寫著「金門保障」，是光緒皇帝親筆寫的。後來，我到了臺南的「全臺首學」，俗稱孔子廟的地方。臺南

70

是臺灣開始有科舉的地方，像北京的國子監那樣的。古代讀書人都拜孔子，裡面有一個個清朝皇帝頒的匾額，除了順治之外，康熙、雍正、乾隆、嘉慶、道光、咸豐、同治、光緒，每個皇帝都給頒了匾，宣統的沒有，宣統三年就滅亡了。當地的館長說中國有兩個地方，皇帝都給題字，頒了匾，一個就是他們這裡，還有一處就是曲阜的孔子廟。中國古代孔子的地位很高，皇帝下來就是孔子了。清朝除了順治、宣統之外，康熙以後的皇帝都給題匾，夠榮幸了。

還有一處是延平郡王祠，俗稱鄭成功廟的地方。鄭成功家族滅亡以後，該處是當地人懷念鄭成功的祠堂。到了清朝同治年間，沈葆楨意識到日本人對臺灣有野心，那時還發生有中法戰爭，所以沈葆楨就給同治皇帝寫了一封奏摺，意思是希望朝廷能給鄭成功一個定位，能把當地一般老百姓拜鄭成功的那個祠堂變成一個正式的，官方認定的祠堂，就是今天我們所看到的延平郡王祠。沈葆楨還引用了康熙皇帝的一句話，說「朱成功係明室遺臣，非朕之亂臣賊子」，說鄭成功不是他的亂臣賊子，是明室的遺臣。所以說，康熙皇帝非常有政治的眼光和氣度。這個奏摺是同治十三年十月寫的，也沒幾個月同治就去世了。光緒一上臺，就在光緒元年的二月給沈葆楨一個回覆了，同意他的這個意見，而且還頒了「忠節」的謚號給鄭成功。

所以，看來非常清楚，清朝對臺灣的經營是非常用心的，天下公文一大堆，排到你這裡，要排多久啊！但是，朝廷馬上給沈葆楨辦了。今天，光緒的那個聖旨還掛在祠堂的屋頂上面。

臺南還有一個赤崁樓，最早是荷蘭人建的一個小城堡。乾隆五十三年立了九個碑，滿文、漢文成對的，怎麼少一個呢，就在承德

避暑山莊那裡。當時，臺灣有林爽文的叛亂，乾隆給平了，碑文就記述這個事情。為什麼一塊放臺灣，一塊放承德呢？乾隆就是告訴他的列祖列宗，說這個事情辦完了，已經妥當了。乾隆把它看成是一個大事情，不是一般的小事情，所以，一個碑放在臺南，一個碑放在承德。

另外，臺灣有一個地方叫嘉義，嘉義這個名字是誰定的？是乾隆給定的。以前，臺灣的地名都很土，都是當地的方言，像什麼豬玀，很難聽的，沒有文化。後來當地出了林爽文事件以後，乾隆說當地人真有義氣，不投降給林爽文，而是忠於朝廷，於是給取名叫嘉義，嘉勉其義氣，所以叫嘉義。這是嘉義這個地名的由來。臺灣鹿港還有一個媽祖廟，也有乾隆給題字的匾，這個廟旁至今還有一個「官員到此處下馬」的立碑。

我在大陸也走了很多地方，我也很喜歡看一些古蹟，但地方上的古蹟很少有皇帝的頒匾，中國地方那麼大，這如何的可能！就是一些很有名的古蹟，也絕少能得到皇帝的頒匾。臺灣遠在天邊，像新竹、鹿港這樣的小地方，很不起眼的一個廟宇也能得到皇帝的頒匾，自然說明清朝對經營臺灣的用心和重視。

2013年1月

玄奘精神

　　年前，中央電視臺（紀錄頻道，CCTV9）曾播有關玄奘的紀錄片——《玄奘之路》，說是紀錄片，其實是集紀實（有演員人物、情節）、歷史脈絡、古今風土和考古於一體的大型片子。該片講述了玄奘的一生，他一路到印度（天竺）的歷程，回到長安後翻譯佛經以及他去世後，在歷史上的影響。該片可謂感人肺腑，讓人感佩於玄奘的堅強毅力，對於他人（包括對高昌國王）的執著講信，以及一生對事業不斷和一貫的堅持。

　　說他西天取經的艱辛，人們容易理解。以當時的交通工具，自然環境的惡劣，玄奘到印度的歷程可謂經歷九死一生。這不是有堅強毅力者，是無法完成的。有趣的是，該片還結合玄奘的歷程，講述了他所走這一路，現在的風土人情，以及有關考古的所現。玄奘西行曾在高昌國（現在的吐魯番附近）受到莫大的禮遇，高昌國王欲留玄奘，以為國師。如果不是有堅強的毅力，知道自己的所為所行，到印度取經的目的，則如一般人的心境，玄奘就很容易改變初衷，留了下來。高昌國王最後也改變了態度，給他知曉的西域諸國國王寫了介紹信函。這對玄奘後來的西行一路，有著莫大的助益。同時，玄奘和高昌國王還約定好，等他回來時，他會在高昌國停留

講經三年，以為對國王禮遇的回報。多年後，玄奘從現在的南疆回來時，還特意停留了一段時間，等候高昌國王的資訊。可是，那時高昌國已經人事全非，玄奘只好作罷。玄奘當年是背著朝廷的禁令西行的，等他回到南疆時，還停留等待朝廷對他回國的態度。果然，唐太宗心胸寬廣，不僅沒有對他有所指責，還誇獎了他。這樣玄奘就繼續東行，回到長安。

玄奘在印度不僅學有所成，還取得了莫大的成就和榮譽。曾經有兩個國王因為競相邀請玄奘去講學，還差點發生戰爭。玄奘獲得的榮譽包括乘坐只有國王才能乘坐的大象。玄奘的學問一時沒有對手，當地的人們也百般挽留他。然而，旅居印度十七年後，玄奘在榮譽面前，沒有忘掉他的目的，取經回國，傳播佛法。

玄奘回國後，在弘福寺翻譯佛經，還培養了一批翻譯佛經的人才。他還應唐太宗的旨意，寫了《大唐西域記》，介紹了西域諸國的所見。這和唐太宗關注唐帝國經營西域的戰略有關。唐太宗和高宗也對玄奘翻譯的佛經寫了序言，對其萬分的崇敬。唐太宗說「有玄奘法師者，法門之領袖也，幼懷貞敏，早悟三空之心……松風水月，未足比其清華，仙露明珠，詎能方其朗潤……往遊西域，乘危遠邁，仗策孤征。積雪晨飛，途間失地。驚砂夕起，空外迷天，……，誠重勞輕，求深願達。周遊西宇，十有七年。窮歷道邦，詢求正教……爰自所歷之國，總將三藏要文，凡六百五十七部，澤布中夏，宣揚勝業。」大家知道書法上的名帖（碑）《懷仁集王（羲之）書聖教序》中，就有唐太宗和高宗寫的這兩篇序言。《聖教序》中，還有兩篇是太宗和高宗寫給玄奘的信函。唐太宗寫的是：「至於內典（指佛典），尤所未閑（熟悉）。昨制序文，深為鄙陋，……，

忽得來書，謬承襃讚，循躬省慮，彌益厚顏。善不足稱，空勞致謝。」唐高宗寫的是：「治（高宗名）素無才學，性不聰敏，內典諸文，殊未觀攬，所作論序，鄙拙尤繁。忽見來書，襃揚讚述，撫躬自省，……，深以為愧。」兩位皇帝面對玄奘所表現的謙虛和對玄奘的尊重和崇敬，真不是一般的。時下，學佛者所熱衷的「心經」，就是玄奘翻譯的，也收存在《懷仁集王書聖教序》中。

玄奘回國後，建造了大雁塔，以保存其所帶回的佛經。他所帶回佛經的貝葉，至今尚有數片保留在該處。以後，會昌毀佛時，朝廷還明定大雁塔保留下來。玄奘晚年也在玉華宮居住翻譯佛經。前些年，在該處的考古發掘，還獲得一些有關玄奘的遺存。玄奘去世時，長安百萬人給他送終。唐高宗因為從皇宮每日能見到埋葬玄奘的佛塔，思念玄奘不已，於心難忍，而將其搬遷他處。日軍侵華時，曾盜走部分玄奘的遺骨，其中的一些，以後就到了臺灣的日月潭。玄奘曾在印度的那爛陀留學五年，他當年謝絕當地人們的挽留，執意回國。數年前，其遺骨在歷千年之後，經中方贈與那爛陀的玄奘學院，體現了中印的友好往來。這段綿延千年有餘的史實，一千多年前的因，一千多年之後的果，至為感人。玄奘所創立的法相宗，一度流行於韓國、日本。

印度是個不善記錄歷史的民族。玄奘到印度時，離開釋迦牟尼已經有千年了，佛教在印度已經式微，但還是保存了一些釋迦牟尼的遺址。玄奘回訪了釋迦牟尼的出生，悟道，涅盤處，他把這些都寫在了《大唐西域記》。十九世紀英國人考古古印度的歷史，就靠玄奘所寫《大唐西域記》中的所記，和實地的發掘，而得以確定和釋迦牟尼有關的遺址，這樣就重現（構）了古代印度的歷史。

　　玄奘的精神體現了中華民族的脊梁，千古或無第二人。

2013 年 9 月

《清華簡》

　　2008年，北京清華大學經由校友的出資，從香港的文物市場購得一批竹簡，經過這些年來對這批竹簡的保存和研究，終於確定了這批稱為《清華簡》的竹簡是秦始皇焚書前戰國時代的書籍，它保存了過去人們所不曾知曉的遠古時期的重要文獻。對於《清華簡》的研究也開啟了人們關於中國早期文明的新認識，具有重大的歷史價值。

　　《尚書》是中國最古老的歷史文獻，它記錄了周朝以前，遠古時期的一些史料，也是儒家思想的重要來源。可是，自秦始皇焚書後，《尚書》就受到毀滅性的佚失。西漢初，伏生依據自己的所傳，保存了二十八篇的《尚書》，稱為今文尚書。以後，從孔子故宅也發現了《尚書》的文獻，後經孔安國的整理，就稱為古文《尚書》。今、古《尚書》的異同導致了所謂的古今文的爭論。

　　西晉時，還發現了著名的「汲塚竹書」。這批有關中國早期文明的書簡價值很高，當時的晉武帝很重視這批竹簡，委派了一些著名學者進行了整理。從現存的《晉書》中的記載，可知其中包括有稱為《竹書紀年》一書，該書記載了夏朝至戰國初年的歷史。可惜，後來發生了八王之亂，這批竹書隨同對它的整理都毀於戰火，蕩然

無存。這個關於中國古文明記錄的失傳，成了歷史性的遺憾。王國維將孔子故宅所發現的經書和「汲塚竹書」視為自漢以來中國學問上之最大發現，可見其重要性。

以後，在西晉的永嘉之亂中，今、古文《尚書》也都散失了。東晉初年，有個叫梅賾的，給朝廷獻上了一部《尚書》，該書包括了今、古文《尚書》，不僅有孔安國作的序，還有他作的〈傳〉。以後歷代，這部《尚書》就成了人們所僅見的《尚書》，並且占據了學術界的統治地位。

然而，歷代以來，人們還是對梅賾所獻的這部《尚書》的真偽，提出疑問，認為是偽書。經過宋代以來學者的反覆辨析，到了清代，人們普遍認識到這部《尚書》乃是偽造的。

這樣，對於中國早期文獻，包括《尚書》的再度出現，似乎成了人們的渴望，但也是一種奢望。《清華簡》的出現，再度為這個渴望和奢望帶來了希望！

經過整理，確定《清華簡》共為2388枚，同時，初步整理還發現了一些在歷史上久已失傳的內容。目前，整理出來的第一篇簡書《保訓》，是過去沒有人知道的；此外，周武王時的樂詩，也是過去從來沒有見過的。這批簡是真正的書籍，而非文書。同時，這批簡中的書籍大多與歷史有關，而最具震撼意義的是，竹簡的主要內容經類又以《尚書》為主。《清華簡》中已發現有多篇《尚書》，其中更多的是前所未見的佚篇。《清華簡》還有一項重要內容，是一種編年體的史書，所記史事，上起西周之初，下至戰國前期，與《春秋》經傳、《史記》等對比，有許多新的內涵。還有，其中的詩篇竟與現在《詩經》中〈蟋蟀〉一詩有關，前所未見，令人驚奇。

　　今年清華校慶期間，我觀看了有關《清華簡》至目前的整理成果展，印象很深刻。其中提及，最終統一中國的秦民，不是來自中土的西邊的，而是來自東方，秦民因為協助周武王滅商有功，而受封西遷的。這些發現改變了人們對中國早期歷史的認識。我們相信，隨著對《清華簡》的整理和研究，更多的，可能撼動我們對中國早期的歷史，文明形成的認識，包括幾千年來對《尚書》的爭論，會逐漸顯現的。這樣，《清華簡》的重現，就可以媲美西漢初年，孔子故宅發現的《尚書》以及西晉時，出土的「汲塚竹書」。

2013年10月

也談歷史的是非

　　中國自古以來，就把歷史看成是一個朝代是非曲直的重大事情。自古以來，歷史就有「春秋大義」的道德內涵。所謂「孔子作《春秋》，而亂臣賊子懼」，意思是一個人不論何時如何風光，只要是做了違反道德的事，在歷史上總要留下汙點記錄的，誰都逃脫不了。這個傳統可以說是中國歷史、文化的一個很獨特的現象。因此，中國歷朝歷代史官的地位很特別，他可以不顧生死，也要把真實的事情給記錄下來，旁人，即便是皇帝，也奈他莫何。司馬遷的一家幾代人就是史官的世家，他有著良好的家傳、家風，又能周遊各地，實地訪查各處的歷史遺存，遂寫出了《史記》一書，不僅記錄了信史，也給中國的歷史是非立下了楷模。當然，其中也有受制於時代的偏見，但這無關於《史記》一書和司馬遷的偉大。

　　有人以為，不同的人，不同的角度，對歷史的看法和理解會有不同，因此，以為歷史無是非可言。這樣說，是「似是而非」的。我們就以臺灣一段時期以來，對於甲午戰後，日本的統治臺灣，應說是「日據」，還是「日治」之爭為例。這個問題的本質是，究竟是從被統治的臺灣人的角度來說，還是以統治臺灣人的日本人的立場來說？「日據」者，被日本人竊（占）據也。對於臺灣人來說，當

80

然是「日據」的。「日治」者，日本人統治、治理也，是以日本人為主，來統治、治理臺灣人者也。因此，說「日治」，只能是日本人才會這樣講。所謂「日據」，還是「日治」之爭，無關乎客觀不客觀看待史實的問題，也無關乎言論自由不自由的問題，而是關乎你是站在臺灣人，還是站在日本人的立場的問題。這個「歷史是非」是很明確的！所以，我們看歷朝歷代的史書，往往有多人寫，而寫歷史不是單純的紀事，而是傾注了作者對歷史的觀點、對歷史人物的是非感情。歷史從來不是單純的，簡單的紀事。寫歷史是有「立場、觀點」和「愛」與「憎」的。

人們生活在一個特定的年代，那個年代的是是非非，對於當時的大多數人來說，往往是很難看得很清楚的，所謂「芸芸眾生」，就是這個意思。就以70年代的保釣史實為例。現在，不少人瞭解到了那個年代臺灣年輕人的所作所為，大都能肯定70年代的釣運是不容易的，或甚是偉大的。但這不是說，也不能說，參加釣運的人都是偉大的，這是必然的。在歷史的洪流中，各種參與的人都有，有有意識的參與，有無意識的參與，有乃至糊里糊塗的參與，都有。這個是事實。大家看，辛亥革命時期，出了汪精衛、五四運動時期，出了張國燾，何嘗不是如此？汪精衛早年是做過一些有益於中國革命的事情。但他也確實是晚節不保的。《色戒》電影誘發的對於汪精衛的討論，有些就由他和蔣介石的矛盾，來解釋他為何和日本人合作的原因。他和蔣是有矛盾，但這不能成為他和日本人合作的藉口。說他是漢奸，是歷史對他的定論。對於汪精衛的功過，我們不能「糊塗」。張國燾在五四運動時期，是個風雲人物，以後還當了中共的領導人。他以後因各種原因，離開了共產黨，這也罷了，

但他卻參加了蔣的特務組織，這就為人所不齒了。固然，對於民國時期戰亂的時代，面對殘酷的生死鬥爭，人總是人，很多事情是可以理解、原諒的，特別是對於一般的老百姓。作為後來者的我們，則宜多以寬容的心境來包容。然而一些有關「歷史是非」的公論，是不容含糊的。

再說70年代的海外保釣運動時期，就有「打小報告」的事情，一些人因為上了黑名單，長期受到不公正的對待；也有個別的人，因為不知道被上了黑名單，從海外返臺而被拘捕下獄的，如葉島蕾一案。這些「打小報告」的事情令人不齒。雖然，我們現在也能原諒這些卑鄙的行為和幹這種事的人，但總不能以各種似是而非的理由，來合理化此種有違基本道德的事情。

我經常以三個命題來評價70年代海外留學生運動時期，不同派別的功過。其一是：對於兩岸的往來是贊成還是反對；其二是，對於臺灣的威權統治是容忍還是反對，認為是必須改變還是極力為其開脫乃至維護的；其三是：對於臺灣的終究，是回到中華民族大家庭，還是長期孤懸海外，永為美國的勢力所附屬。時間已過了近四十年，在這三個命題下，各個派系、組織是否站在了歷史的潮流中，何者為是、為非，一些情況是已有定論了。這三個命題、指標最為重要，我們看過往的事情，看待歷史，應從這樣的角度，以為切入點，其他的一些紛紛擾擾，多如過眼雲煙，無關宏旨的。

歷史的借鑑就是使你能從古今中外的經驗裡面吸取一些可以超越自己侷限的東西，讓自己把事情看得明白，這就是智慧了。歷史的知識可以靠學習，歷史的智慧就不必然可以學習得到的，因為這牽涉到「立場」的問題。永遠記得，我們的立場，應站在最廣大人

民、民眾的立場上來看待時事的變遷。而就目前的兩岸關係言，我們看問題的角度，應是：是否「有利於」兩岸的同胞和民眾，而不是個別的派別，乃至個人的。知識分子尤須注意這點，他們往往容易誤入一種以自我為標準的地步中：凡事以是否合我口味，滿足我的想法為準。他們要的是社會來滿足他的標準，而不是客觀地去瞭解、看待周遭環境的事物，乃至努力獻身去改造社會不合理的方面。

2014年2月

尋訪唐大明宮

　　唐朝是中國歷史上最富盛名的朝代，那時不僅經濟發達，文化方面更是達到了空前的高度。和唐朝歷史緊密相關的歷史遺存之一就是位於今天西安的唐大明宮遺址。按大明宮就是唐朝的皇宮，它始建於唐太宗貞觀年間（西元634年），以後多次修建，直至唐高宗龍朔年間才完成。以後，大明宮就飽受藩鎮、宦官之亂和農民揭竿而起的戰亂，幾度受到破壞，又重建，直至唐末朱溫下命毀壞宮室，脅迫昭宗遷都洛陽，使得這座延續了近三百年的大明宮，遭到徹底的破壞，淪為廢墟（西元904年）。唐大明宮雖然被毀棄了，但是，由於大明宮的重要性，我們乃至可以說，一部大明宮的歷史，也就是一部唐朝的歷史，因此歷代人們對大明宮過往的輝煌總是懷著無盡的崇敬、依戀，直至今天。民國抗戰時期，黃河決堤，數萬流民湧入西安，就在大明宮的遺址所在，定居了下來。一座具有世界性歷史意義的大明宮遺址，遂成了市井雜居之處。

　　然而，對大明宮遺址的考古調查從上個世紀的50年代就開始了。1957年至1979年間的考古發掘，清理了麟德殿、含元殿、玄武門、銀漢門等重要遺址。1980年至1994年，又發掘出清思殿、三清殿、東朝堂、翰林院等遺址。1995年至2007年，對含元殿遺

址進行了第二次考古發掘，還發掘了丹鳳門和御道等遺址。五十年間的考古工作，成果豐碩，基本明確了大明宮的具體位置，查清了宮內的布局和建築基址，並且出土了大量的文物殘遺，包括有金銀器、陶瓷器、佛教造像、磚瓦石等建築構件。近年，西安市政府下了決心，搬遷了遺址內的十萬居民，重新考古發掘出早已隱沒的太液池。經過全面整理，一座湮滅了一千多年的大明宮遺址重新顯露在世人面前。這是中國近年值得大書特書的考古成就和具有標誌性的大規模遺址保護的文化建設。

我於2011年和2013年，兩度遊覽、尋訪了大明宮遺址，感受非常震撼。我從最南面的丹鳳門遺址進入，經過御道廣場，金水橋，沿著階梯走上了宏偉的含元殿遺址。含元殿是唐朝皇帝的寶座所在，類似於北京故宮的太和殿。含元殿位於大明宮的最高處，從含元殿可以俯視整個大明宮遺址。千年往事，就在你的眼下。往北，下了含元殿臺基，就到了遺址博物館。為了不影響景觀，博物館就建在半地下。館內有關於唐代的歷史介紹，重點則是關於大明宮的歷史和其文化的內涵和意義。遺址博物館的東邊有個大明宮的微縮景觀，用小比例的模型，重現了大明宮當年的景觀，十分精緻。沿著中軸廣場，往北，就到了宣政殿，延英殿和紫宸殿的遺址。這些遺址所在都用了象徵性的建築構件，加以標誌，從遠處就可以明顯看到，既凸顯又美觀，不落俗套。這幾處遺址的東邊就是望仙臺遺址。此遺址的數米高的臺基還留存著。再往北，下了斜坡，就到了太液池。它類似於北京的中南海，有東西兩池，西池中心有個蓬萊島。太液池南沿的東側就是唐朝有名的梨園，一個當年唐明皇熱衷於音樂歌舞的地方。多少歷史往事，一霎時，全部湧入

我的腦海，不禁令人興發感動。正是「霓裳羽衣曲」：天闕沉沉夜未央，碧雲仙曲舞霓裳，一聲玉笛向空盡，月滿驪山宮漏長。我特意沿著太液池走了大半圈，蘆葦依依，遙想這就是千年前，唐朝宮廷人們的所見，難禁我的浮想聯翩。過了太液池北岸的大草坪，往西，就是太福殿遺址和三清殿遺址。和望仙臺遺址一樣，太福殿遺址和三清殿遺址的臺基至今還非常明顯高聳，我爬了上去，一覽大明宮遺址全景。往正北，就是玄武門遺址。玄武門之變就發生在這裡。我兩次去大明宮遺址遊覽，一次從東路，往南經清思殿遺址，穿過崇明門遺址，含耀門遺址返回丹鳳門遺址。一次則從西路，往南經翰林院遺址，光順門遺址，昭慶門遺址，考古探索中心，返回丹鳳門遺址。考古探索中心很值得去參觀，讓人們能實地體驗考古的過程。我在那裡瞭解到大明宮遺址文物保護基金會在 2010 年 5 到 6 月間還曾赴美國，把在 1918 年被轉運到美國，現收藏在賓西法尼亞大學博物館內的昭陵（唐太宗陵）六駿中的兩駿馬浮雕進行了修復，令人感嘆。令我遺憾的是，西路的麟德殿遺址未及開放，參觀不得。麟德殿遺址是大明宮內保存最好的一處殿堂遺址。麟德殿是當年唐皇帝設宴群臣和外國使節的地方。史載，大宴時，殿前和廊下可坐三千人，是一座宏偉氣派的殿宇。我只能他日三尋大明宮時，再去憑弔感受它的往日輝煌了。

　　大明宮遺址的保護展示非常新穎別致，體現了現代的遺址保護概念，讓人耳目一新。大陸這些年來新建的一些博物館都非常好，很值得去參觀。可能是由於西安的古蹟太多，如秦兵馬俑、華清池等一批遊覽勝地把遊客都給吸引過去了，來到大明宮遺址參觀的人不多，甚至可以說是很少的。但是，這倒成了遊客的福音。我兩次

去大明宮遺址遊覽，流連其中，恍如走進大唐的歷史，真是享受、沐浴了一番盛唐的風韻。

2014年10月

從談歷史到黃仁宇

　　中國是個重視歷史的民族，歷來視歷史為立朝、立國的基石，大到民族是這樣，小到家族也是這樣。舉一個例子，就可以瞭解。很多家庭都有家譜，家譜記載的是一個家族，一個姓源遠流長，綿延細緻的歷史，一則體現對家族過往歷史的珍視，也體現了對子孫後代的期待，期待子孫後代在前人的基礎上，不辱先人，奮發上進。歷史上的後朝總是要為前朝修史，很大的一個原因，就在於總結前朝的興衰歷史，以為本朝者戒。司馬光的《資治通鑑》在歷代享富盛名，就在於它總結了歷史的經驗教訓，值得為後來者的警訓。因此，中國這個民族視歷史不僅為對過往的記憶，認為不應該或忘，更認為對歷史的認知是一種覺悟的境界，一種精神情操的狀態。唐太宗說：以史為鑑，可以知興替。唐太宗是歷史上有名的勤勤懇懇於如何避免前朝的前車之鑑，而奮發有為的一位皇帝。而就個人來說，一個對歷史有認識瞭解的人，就容易瞭解他所在的今天所發生的各種事情的背景原因所由，這樣，他就不容易為各種似是而非的謬言所惑。而他對昨天、今天的瞭解，則有助於他對未來發展的可能性，有著較為明晰的評估。這個理由是很明顯的，我們的今天是由昨天發展過來的，我們明天如何，自然也和今天的實際，

乃至昨天的影響，緊密相連相扣的。這樣，我們就可以瞭解到，認識歷史是一種智慧了。中國歷來的教育，視文史為一體，史中有文，而文也脫離不了史，這是很有意思的一種文化現象。中國文化裡，重視「文以載道」，認為文章是含有道德的內涵的，並且賦予歷史一種道德的內涵力量，這是中國文化的一個特點。我們常說的春秋大義，就是這個意思。而所謂的「民族大義」也就是指的這點。

　　民國取代清朝以後，西學東漸，人們要學習的東西多了，歷史教育也受波及。可能是民國年間的人們還多是受的傳統的教育，所以，他們對於下一代的歷史教育，不論怎麼講，還是重視的。這點，我們可以從民國年間的一些書籍中，瞭解得到。但是，不論海峽的哪一邊，1949年以後，對歷史的教育，就出現了很大的顛簸。臺灣方面，我們這一代人成長於50到70年代，所受的歷史教育，就其內容來說還頗豐富，但是，對民國的歷史則多語焉不詳，對於臺灣在日據時期的歷史教學也很缺失。大陸這邊，則因政治的動盪，歷史教育也受折騰。改革開放以後，學校教育則多熱衷於各類的數理化的學習，對歷史的教育很不重視。這幾年，經過有心人士的多方呼籲，能否逐步調整為常態，還尚待觀察。這些年來，臺灣的社會變動，政治對於歷史教育的影響大約也超出了常態，弄出一些奇談怪論。從我近年和臺灣學生的接觸，明顯感到，他們對於歷史，不論是古代的，臺灣那邊的，還是大陸這邊的（對大陸1949年後的歷史不瞭解，我則完全理解），大都支離破碎。我在美國多年，就感到美國的中學教育，除了語言（英語）外，就是重視歷史的教育。在這樣的教育下，美國的學生對於美國立國二百多年的歷史是一種充滿了自信心和自豪感。我們常說，美國學生的數理化比

我們差很多，這是理解片面了。他們的語言、歷史教育，特別是歷史教育可能超出我們甚多。

我們（大陸、臺灣）的歷史教育也可能有多種問題，需要探討、改進。臺灣方面的歷史教育（至少就我們這一代言），多為「宮廷的政治鬥爭」。大陸這邊則多「階級鬥爭」。歷史內容的涵蓋面不可能僅止於這些，這是很明顯的。這一、二年是抗戰勝利七十周年，甲午割臺一百二十周年，海峽兩岸都在強調大家共補遺缺的歷史。確實如此，這是兩岸需要共同面臨的嚴肅課題。被掩埋的歷史需要出土，被顛倒的歷史需要再顛倒過來。我們的下一代如果有的只是支離破碎的歷史觀，那將是我們民族的災難，這不論對於大陸，還是臺灣都是一樣的。

我不是專門研究歷史的，就是業餘有愛好讀讀一些歷史的材料書籍而已。多年前，我有機會閱讀了美籍華人歷史學家黃仁宇的著作。黃仁宇先生是值得人們知道、瞭解的歷史學者。他出生在1918年的湖南長沙，直至2000年在美國去世。他的一生貫穿了民國時期，抗戰時期，國共內戰，兩岸的分離，等等。黃仁宇早年曾從軍，入國民黨成都中央軍校學習，做過國民黨鄭洞國將軍的副官，參加過緬甸密支那戰場。抗戰勝利後，還任過中國（國民黨時期）駐日代表團成員。然而，他早年也還曾和以後成為中共陣營要人的田漢和廖沫沙共事過。國民黨敗退臺灣前，他就退出軍界，到了美國，人近中年時，再入美國大學，學習歷史，以後一生從事中國歷史的研究。70、80年代以後，他的一些著作，逐步為海峽兩岸的人們所認識，並予出版，如有名的《萬曆十五年》。此書中，他從大歷史的角度看待中國歷史的轉折就發生在這一年。他的著作坊間出

版了不少，都是熱賣的書籍：例如，《中國大歷史》、《大歷史不會
萎縮》、《關係千萬重》、《地北天南敘古今》、《放寬歷史的視界》、
《赫遜河畔談中國歷史》等。這些關於中國歷史的書籍，深入淺出，
又不失其學術的嚴肅性。黃仁宇生前曾寫了一部自傳體的回憶錄，
追憶他的在大陸、美國的人生歷程以及他的歷史研究觀點的形成脈
絡，並囑咐他的夫人，只能等他去世後才出版。黃仁宇於2000年
去世後，他的夫人Gayle Huang將用英文寫的這書，交給北京的朋
友，譯為中文，出版，書名《黃河青山》。這部書寫得真摯感人，也
是我多年來一直大力推薦給朋友、學生們的一本好書。

2014年11月

議南京民國建築的再現生機

　　這段時期，在大陸上有所謂的「民國熱」，指的是人們對於民國時期，國民黨統治區社會、文化各方面再認識的興趣。滿清滅亡後，到北伐，乃至到七七事變後的全面抗戰，中國大地雖然內亂不止，戰火不斷，民生凋敝，但社會各方面，各領域還是有不斷的發展，這是不容否認的。可能那時的文人、教育界的菁英都還是從清朝的老式教育中走過來，具有傳統文化人，所謂「士」的秉性，一些人還留過洋，也吸取了西方文化、教育的一些精華；同時，社會的大變動，政府對社會各方面的控制力相對不足，也給文化、教育的發展提供了相對寬鬆的環境，這就造就了民國那段時期，文化教育的大發展，並且名人輩出，留下了重彩。歷史社會的發展，在一個時期內，不可能全是光明的，或全是黑暗的。我們應如是觀。在大陸上，過去談到當時國民黨統治區的，多為所謂的「白區的鬥爭」，講的多是國民黨對左翼人士、派別的鎮壓，而對其他社會發展的方面，就少觸及。這當然是有所偏頗。而在臺灣，對那個時期的談論，則刻意迴避國民黨對左派異議人士的鎮壓，給人一幅充滿溫馨的民國畫面。這當然也是偏頗不足的。現在大陸的「民國熱」也大有這樣的趨勢，所謂「過猶不足」，人們總容易從一個極端走到

另一個極端。臺灣社會的進程也有類似的現象。臺灣現在人們普遍對蔣經國的時期，多抱有好感，臺灣那時經濟發展，惠及多數老百姓，因此，臺灣人至今有這樣的情懷，也是自然的，必然的。 但是，如果我們也翻翻那段時期，國民黨對異議人士的鎮壓，也是令人不齒的。看來，要保持一種全面、客觀、綜合的視角來看待一個歷史時期的總總，也還真是不容易。

南京作為民國時期（準確地說，應只是一段時期）的首都，自然也留下了不少民國時期的遺跡。我多次到南京，也很喜歡南京，一則是南京所體現的江南氛圍，令人鍾愛，而六朝燦爛的文化，令人遐想，再則民國時期的遺跡也令我每每追思，追想，為何曾是中國大地共主的蔣介石、國民黨在抗戰勝利後，就迅速敗走臺灣了。我們這一代人從小在臺灣長大，成長的過程是伴隨著蔣介石國民黨的「反攻大陸」。現在，大陸的老年人對抗戰勝利後的國民黨還有點模糊印象，更年輕的就沒有了，他們對在臺灣的蔣介石國民黨，則完全沒有親歷的印象。而在臺灣，老年人對蔣介石國民黨的印象，可能還多些負面的，並且止於在臺灣所發過生的。更年輕的對於二蔣的印象大約也逐漸很模糊了，而對於大陸時期的國民黨，可能就如同是「天寶遺事」了。應該這樣說，我們這一代的臺灣人，可能是目前海峽兩岸中，唯一還對蔣介石國民黨有親歷具體感的一代人，當然，需要補充瞭解的是在大陸時期的蔣介石和國民黨的種種，而我對此還很有興趣。

南京民國時期的人物事蹟早已灰飛消去了。但是，當你漫步南京的街頭，你似乎還能感受到一些民國的氛圍。南京的中山陵自然具有標誌性，還有「總統府」更是人們的必遊之處。現在的「總

統府」已闢為近代史蹟展覽館。其實，南京至今還保存有不少民國時期的建築。這些建築多為民國政府時期的官府所在，或為當時一些名人的住宅。這些建築，大體品質很好，風格也多樣：有傳統的中式的，有西方古典式的，還有新式的民族式的，乃至西方現代派的。它們至今大體保存良好，並且多列入文物保護的單位，得到保護。這些建築，1949年以後多為公家單位所用，或改為民居，一般人少有接近，也就逐漸為人們所淡忘。每當我望著這些建築，似乎對物有所感，一幅幅民國的事蹟，不禁在我腦海中閃現。似乎，每個建築都有訴說不盡的民國故事。這些建築所曾經伴隨的民國歷史，固然已是過往，但它們應會是人們再認識那段歷史合適的、具體的載體。這些民國建築可以在現今，乃至以後的時代扮演它們另一番的風情是完全可能的，端看南京的人們如何用一種新角度，新的視野，來看待它們，來使用它們，讓它們煥發出新的風格，扮演新的歷史角色。無疑地，這些民國建築可以是南京獨特的，不可再生、再造的民國文化遺產。

我們可以瞭解到，一個個歷史時期總會過去，而其文化，還有其載體，如果保護得好，且利用、使用的好，則具新的生命力，可以長久傳承下去。古代的埃及、希臘、羅馬文化和與其相伴隨的金字塔、神廟和劇場等建築就是典型的代表。現在，這些地方不僅是人們旅遊的熱點，人們甚且還在這些地方演出音樂會，歌劇等，使得這些古蹟煥發出了新的生命和新的時代風格。幾年前，就在北京故宮的太和殿前，演出了普西尼的《杜蘭特》歌劇，轟動一時，演出的畫面風韻給了人們一種既古典又現代的美感。誠然，這些年，南京市也在逐步清整民國建築，並使之為今所用。人們期待的是，

如何使這些民國建築煥發出新的時代風格和作用，成為南京的文化精華和不可取代的名片。我常想，目前兩岸的名分之爭，百年後來看，可能就是沒有多少意義的事情了。到那時，可能南京民國的這些建築，反倒因為能夠持續展現它們的民國風采，而為人們所喜好，所留念，且具有歷史記憶。政治和文化影響之不同，可能就在於此。

2014年12月

閒談書法

　　一個民族的文字除了具有記錄載意、溝通的功能之外，還能具有美學、藝術的境界，大約屬漢字為唯一的了。中國的漢字至目前所知可以上溯到甲骨文。甲骨文發現的晚，才百來年，它之後的刻在青銅器上的金文，則很早就為人們所知。此二者發現（出土）的時間差距也有上千年，但它們卻能續接漢字演化的過程，這也是文明史上的一個奇蹟。中國大約在不晚於東漢時，就已經認識到漢字的美學意義了。漢時，通行隸書，它是在戰國、秦篆體的基礎上的一個深具歷史意義的變革。這個過程稱為隸變。隸變的過程也導致了漢字往往有多種異體字的現象。以後隸書又演化為真（楷）書，行書，草書。現在，人們通行的楷書大抵在唐初就形成、固定下來了。瞭解書法的歷史，就瞭解到時下，很多有關簡化漢字，繁體（正體）之辯，乃無意義之舉。以後，隋朝開始的科舉制度就把讀書人的仕途和寫的一手好書法連接在一起。歷代的官員因此沒有拿不出好書法的。寫一手好字、好書法成了讀書人、官員在社會立足的基本條件。

　　隨著時代的發展，科技的進步，電腦打字的普遍使用，現在一般人已經不再具備如前人那樣的書法素養。現在且不說書法，就是

寫字（書法和寫字還不相同）的機會似乎也慢慢變少了（是好事？是壞事？）。但是，這並不妨礙書法作為人們開拓生活空間，提升內在素養的合適載體。它讓人們在繁忙和複雜的社會生活中保有一定的清閒和平和的心態。書法，確實是一個神妙的東西，每個人，並且每次的所寫都不同，更為重要的，它且能反映出一個人的內心活動。一個書法作品寫好後，即便過去了很長的時間，人們還能從其墨跡中，看到書家書寫時的意識活動。著名的顏真卿的《祭侄稿》雖經千年，至今後人還能感受到他書寫當時的悲憤、傷感，這實在是件奇妙的事情。同樣，我們如能接觸宋代米芾的手札書法，就會驚訝於他居然能把漢字寫成這樣的風流倜儻。

我早年在臺北上小學、中學時，印象很深的是，街上店鋪的牌匾，很多是名流所寫的好書體，如賈景德，于右任的。70年代末，我來到北京時，也能看到街上的一些牌匾，雖然不是名人之所寫，但也令人賞心悅目。多年以後，這些具有美感的招牌少了，換成了千篇一律的電腦書體。這些電腦書體，就每個字來說，也是端端正正，但是連在一齊時，就顯得呆板、了無生氣。這些年，我回到臺灣，看到滿街都是胖胖圓圓的字體，相當醜陋。我懷疑這書體是受來自東洋之風的影響？陸客到臺灣說，臺灣的中華文化保存的好，我且就問，這樣的街景景觀，何以見得？

然而，物極必反。現在愈來愈多的人們開始認識到書法的人文性和社會性，並且開始關注、喜歡書法。大陸社會上，普遍設有的「老齡大學」都開設有書法的課程，退休的人們學習書法之風很盛，這大約反映「遲暮之年」的人們，一生中對有所缺憾的追求。大陸電視還開設有專門以書畫為內容的「書畫頻道」。此電視頻道也上

網直播，內容除了有關書畫的新聞之外，還播有學習書法的課程，進行遠端教學。我看其中的作品展播，所播年幼小朋友的所寫不少令人耳目一新！我聽一位書法界朋友講，大陸的書法教學，講求溯源，從上溯古人作品學起，這樣起點高，路走正，效果好。

有謂：學習書法都先從楷書學起。如果從樹立書寫的架構說，這也無可厚非。但，這不是一個必然。王羲之的草書有其歷史的地位，他的《十七帖》，千年來，直到今天，還是人們學習草書的範本。王羲之生活在楷書成熟的唐代之前三百來年，這就說明了問題的本質。學習書法，特別是入門的階段，還得跟著老師學習為好，有人指點一筆一劃，一字的關鍵所在，很是重要，才能事半功倍，避免走彎路，單靠自己的琢磨，不是辦法。有些人，也有誤區，以為靠自己的努力，不上師古人，就能立自己之門派，這其實是走入了歧途。中國歷代的書法家彙集了千百年的成果，是一個文化寶庫，不從古人的成果上來學習，來繼承是不可想像的。我們看歷代的名家固然各有其不同的風采，但仔細觀察品味，就知道，他們之間還是有共同點，還是有共同的，來自更早期名家的傳承。所以，沒有傳承，就談創新是外行的話。就此，人們可以瞭解到，從認真學習書法的角度言，臨帖會是一輩子的必需，而不僅僅是對初學者的要求而已。

古人將書法的成就與一個人的人品聯繫在一起。宋朝的蔡京是個奸臣，他的書法很好，但在書法歷史上的地位卻遠遠排不上號，這也反映了中國人的美學觀、藝術觀。現在，書法雖然不是一般意義上的書寫工具，但能寫的一手好字，還是為人所稱讚。我聽一位北京文化界的朋友說起，到臺灣去訪問，如果拿不出像樣的字來，

就備感有壓力，怕人家還看不上你呢！我在臺灣、大陸都教過書，也都看到兩岸的大學生的字（硬筆字），一般都很不像樣。我都和他們說，把字寫好，還是一個人一生中應該注意的事情。有條件的話，家長讓小孩從小就立下書法的基礎，對他的一生會是很好的。

2015年10月

圓明園

　　北京西郊，地處北京大學以北，清華大學以西有個曾在歷史上有過盛名，今日且顯得異常寧靜的地方，這就是圓明園。

　　北京西山一帶，歷史上就是低窪的沼澤地帶，因其近有水遠有山，從元代開始，便有王公貴富人家在此建園。滿清入關以後，覺得城內的紫禁城枯味索然，便開始在西山一帶大興土木。經過康熙、雍正、乾隆三朝的興建，一座集古今，中外園林藝術之大成的圓明園終於建成。圓明園規模宏大，號稱有四十景、八十景的，皆是有仿效江南風光，有託意古詩，有宗教（禪宗、佛、道等）韻味，以及西洋雕刻特色的園林建築。清朝初年的幾位皇帝遂以圓明園為生活中心。康熙、雍正等皇帝皆壽終於此。可見圓明園還是當時的政治中心。

　　可惜，這麼一座集古今、中外藝術大成的園林竟毀於1860年的第二次鴉片戰爭。以後，同光兩朝雖有重建計畫，但因清廷式微，又經過1900年的八國聯軍之役，圓明園遂殘敗下去。以後，圓明園的遺跡又經近半世紀的人為破壞，大批的遺物被盜走，被運走，挪為他用，園中的珍貴樹木被砍伐了，園中的湖泊也乾涸了。曾經盛極一時的圓明園就這樣經過百年的徹底破壞，已近蕩然無存了。

圓明園

　　圓明園地表上的建築物除了東北角落，俗稱「西洋樓」部分，
因屬西洋建築風格，尚存殘石雕刻外，基本已蕩然無存了。然而可
貴的是地表的風貌尚保存了下來。地表上中國江南園林特徵的太
湖石也在多處遺址歷歷可見。舉如「福海」西北角落的「西峰秀色」
和「廓然大公」的太湖石，壘壘堆存，即到今日，當日的秀麗庭園
依是風韻猶存。再如當時圓明園的中心所在，「九洲清晏」，今日
依舊殘存著大量的怪異石頭。早期(二、三十年前)圓明園還沒有
整理，那時到圓明園遊覽，最有意思的莫過於買張地圖，從地表的
風貌逐步辨認識別出昔日的勝景所在。記得那年我刻意尋找園內一
處極有特點的「萬方安和」建築遺址，那是一座形如梵文萬字的亭
墅。經當地老農民的指點，我在雜草叢中，驚訝地發現它的一如梵
文萬字的牆基依舊清晰可辨。「萬方安和」遺址北倚小山丘，西南面
向湖水的地表，仍然明確，只是湖面窪地是農田了。辨認了「萬方
安和」的所在，以其為座標的原點，我居然不費何功夫就將園內的
四十景，一一認別了出來。我驚訝地發覺，圓明園雖已毀敗，夷為
廢墟，但昔日四十景觀，不少還是神采風韻猶存的。印象較為深刻
的，有如，取意於流觴曲水的「蘭亭」，模擬桃花源記中的「武陵春
色」，濃縮西湖風光的「三潭印月」，等等。特別值得　提的是，象
徵普天之下莫非神州的「九洲清晏」的周遭湖泊流水居然分外明辨
清晰。「舍衛城」則仿照印度的佛教小鎮，可惜僅存半壁城牆了。當
日盛大的皇家圖書館「文源閣」所在，雖然淹沒在荒野雜草中，但
仍然依稀可辨。
　　上世紀70年代末，我初到北京尋訪圓明園時，才剛有圓明園
遺址管理處的設立。這是二十世紀初，清朝末年最後廢棄管理圓明

園機構以來，近八十年後，再度設立的官方機構。那幾年，人們正在討論圓明園的保存問題。幾經周折，最後的方案是建立圓明園遺址公園，並對圓明園進行必要的清理，包括考古發掘。圓明園內建築的再現，固無其必要，但讓其久經坎坷的歷史再現，也是人們所企盼的。自是以後，圓明園以「福海」的西線為界以東的地方有了相當規模的整理。過去荒蕪的湮沒的小道，湖泊又逐漸顯露出來。1984年大規模清整福海和綺春園的湖泊時，曾經動員了海澱區十多萬人的義務勞動大軍。經初步整理後的福海，綺春園又遍植柳樹，花木，一片迷人的田園風光。福海周圍的堤岸經過重新清理出來，遊人可以信步環湖而行，體驗醉人的江南風光。1984年，清整福海時，我曾去那兒。當時湖底已深挖，但尚未放水，我信步其中，居然發現得幾塊雲母和破碎的碗片，想這些東西必是當年兵荒馬亂之中丟棄湖底的。以後，福海放了水，遊人可以划船了。報上報導這是自1860年中秋之夜，皇帝遊湖後，一百二十多年後第一次有人在其中划船的。福海東北方向的「黃花陣」，一個歐式迷宮以後也重建恢復。對比於福海的寬廣，綺春園由三個水系組成的曲折水道，也都陸續清理出來，人們可以徜徉其中，蕩舟其中。2000年以後，又大規模地清理了九洲清晏。該處是清朝皇帝接見外國公使，辦理朝政以及生活起居的地方，是圓明園的中心部分。兩三年前，又清理了圓明園最西北角的一些遺址，並且修葺了園內唯一未被燒毀的「正覺寺」。這樣整個圓明園遺址，前後約有三十年的清理工作就初步完成了。我在北京三十多年，因為圓明園就在臨近，所以我經常去圓明園。我眼看著圓明園從荒草淹沒的破敗景象，到現在逐步復甦的整個歷程。

　　圓明園遠離北京市的喧鬧，在園內到處是松、柏、柳、楊樹的小道上信步，可以享受著田野的風光，享受著寧靜的氛圍，讓人感到一切是那樣舒爽，也彷彿蕩滌著人們的心靈。圓明園占地極廣，在北京，在全國，乃至全世界怕很難再找到如此近地利而又開闊的公園了。

　　圓明園的景觀濃縮著神州大地的精華，體現著古典中國文化的光輝。今日殘遺著的風貌，只要你細細品味，只要你刻意冥想追尋，它依舊散發著迷人的香韻和動人的身姿。

　　當你到圓明園遊覽時，你會浮想聯翩，它的命運正是中國近百餘年來命運的縮影。圓明園好比是古老文明中國的化身，它身上的恥辱，帶給近代中國一代代人沉重的思考，也因此，流覽圓明園的心靈感受和其他的古蹟不同。圓明園雖然失去了光輝的外貌，其英氣卻尚存不減。圓明園以其特有的風貌、神韻和氣質給來訪者以心靈境界的提升。我獨鍾愛圓明園，原因正在於此。

　　一般人到圓明園，因為不熟悉瞭解它的歷史，都到俗稱西洋樓的地方去。那裡因為是石刻的建築多，至今還殘留多，故以為最為可看。其實，西洋樓一帶的建築，是在乾隆時期最晚才由義大利的郎世寧設計完成的。圓明園的真正中心，在西邊的九洲清晏一帶，還有它的北面，包括乾隆最獨鍾愛的「濂溪樂處」，我以為是最好的去處。只是要到那裡去，得走相當的路途，比較不便，但因此遊客很少，反而讓人感覺整個圓明園就供你一人遊覽的。這種感覺不是很奇妙和微妙嗎！

　　北京這些年的地下交通有不少改善，現在地鐵四號線可以通達圓明園。建議大家到北京時，可以去圓明園遊覽，走馬看花地遊

覽，需要二到三小時，如果要仔細遊覽，走滿全園，那得需要四到五小時，乃至一個整天的。

2015年12月

兩

岸

篇

清華百年感言一二

　　我上新竹清華大學時，梅貽琦校長已去世。但是，他所提倡的校風餘蔭還在。入校開始，就先學會唱校歌。清華的校歌也有了相當久遠的歷史，西山蒼蒼，東海茫茫，吾校莊嚴巍然中央，東西文化薈萃一堂，大同爰躋，祖國以光，……。歌詞要點是鼓勵來自遠方的莘莘學子要能「自強不息」。是在什麼樣的時代背景下呢？很清楚地，清華學子的歷史責任就是在辛亥革命後的新時代裡，要有所作為，要振興中華，復興祖國。清華的校歌和校訓——自強不息，厚德載物——的精神是一致的。厚德載物，就是君子之德要廣被天下，這是一個很高境界的哲學。清華的校訓是近代名人梁啟超所提議的：天行健，君子以自強不息；地勢坤，君子以厚德載物。這兩句話，於己，於公，可以上續范仲淹的：不以物喜，不以己悲，先天下之憂而憂，後天下之樂而樂，乃及張載的：為天地立心，為生民立命，為往聖繼絕學，為萬世開太平。我以為這八個字的校訓，足為人生的座右銘。清華育我，也就這校訓，最為深刻。

　　話說回來，梅校長的老清華學風的一個遺留，我回想起來，以為就是重視文史的學習。我們雖然都是理工的同學，但是，那時，我們有個非常好的，教授國文課的曹老師。曹老師是老北大畢業

107

的。他給我們非常多的，平常看不到的民國年間的各種散文，以及各種版本的古典文學的教材。多年後，我愈感這些教材的珍貴，可惜就再也無緣一見了，甚是遺憾。如此薰陶下的氛圍，讓我至今，也把對文史的學習，作為一個豐富生活，擴展視野，增長見識的事情看待。

清華校名，源自清華園，而清華園乃是清朝初期的皇家園林的一部分，可謂是具有歷史蘊涵的寶地。清華校歌曰：西山蒼蒼。西山是北京的上風上水之地。清華背依西山，清華的緊鄰就是圓明園。圓明園是中國近代悲慘歷史的縮影。然而，現在的圓明園經過整理，倒也風光明媚，富有靈氣。我很喜歡去圓明園散步，我非常喜歡住在清華這裡。我和臺灣的朋友說，我的後花園就是圓明園。有臺灣朋友來清華找我，除了走馬參觀清華園外，我的標準招待就是約朋友到圓明園散步。

我在過去的幾年中，凡是有機會回到臺灣，都會回到育我的新竹清華母校。現在的新竹清華發展的更好了，我們念書時的樹都長大、長高了，環境宜人。我也有機會在2009年，回到母校，客座三個月，可謂是溫故知新。我在新竹母校還見到一些從大陸，包括清華去的學生。事實上，兩岸清華的學子在美國的校友會從來就是在一起的，大家不論來自海峽的哪岸，都是清華人！

清華大學立校至今正好一百年。自辛亥革命後，中國歷史走入一個新時代，而清華大學正是伴隨著這個時代的進程而發展的。我想百年來，清華學子不論處在什麼樣的環境下，多以「自強不息」自勉，並秉持中國傳統的「士」的精神，以「厚德載物」的理想，在中華大地上，留下了足跡。以後，隨著梅校長的遷移到臺灣，也把

這個歷史的傳承延伸到臺灣。我回顧自己的過往，尤感幸運，能受此美德的沐浴，自立自強，並且能有機緣，來到大陸，來到清華任教，度過了我的充實的人生歲月。我在大陸的這三十四年，見證了大陸的振興，在80到90年代物質缺匱的年代，科研的條件也很侷限，我自覺未敢疏怠，努力工作。現今，不僅大陸的發展進步，碩果累累，舉世相看，更令人寬慰的是兩岸的關係也由隔絕而相互往來，至今並已開啟了互通有無的，全面發展的新局面。冥思清華過往百年的歲月，回憶自己近五十年前在臺灣清華的青春記憶，以及這些年在大陸，在北京清華的經歷，我確是有所興發和感動的。

2011年8月

介紹北大荒

前年，我有機會去了佳木斯。佳木斯（地區，稱為「三江平原」，指：黑龍江、松花江、烏蘇里江，俗稱「北大荒」）比臺灣略小（三萬四千平方公里），但人口只有臺灣的十分之一，並且都是大平原。我們去了佳木斯東北方的撫遠（離佳木斯約四百公里）。撫遠地處黑龍江南岸。往東，就是「撫遠三角洲」，俗稱「黑瞎子島」（黑瞎子指黑熊）。再往東就是哈巴羅夫斯克（就是伯力）。伯力往南就是烏蘇里江。現在，一般的旅遊，可從撫遠到伯力。我們有個朋友在佳木斯任副市長，經和俄方照會（因為要進入了俄方），我們從撫遠，繞著黑瞎子島北岸的黑龍江，經伯力（未上岸），再往南沿烏蘇里江到烏蘇鎮（中方領土）。這一趟需時六小時。

黑瞎子島約在七十到八十年前被俄方占據（我以為《中俄璦琿條約》、《中俄北京條約》應未割黑瞎子島）。據當地人講，原因之一是，民國年間，當地中國人少，只有一些漁民，他們為圖方便，都只走黑瞎子島南岸的黑龍江水道，久了，俄羅斯人從北面南移，把黑瞎子島都給占了。2008年，中俄最後劃界，中方要回了黑瞎子島的西部分。當時，哈巴羅夫斯克的居民還遊行示威反對。烏蘇里江從南邊的興凱湖至烏蘇鎮為中俄共有。由烏蘇鎮往北，因為黑瞎子島東邊

部分屬於俄方，就是俄方的領地了。現在中國船隻由烏蘇鎮沿烏蘇里江往北（或從撫遠經黑龍江、烏蘇里江往南來），會經過一個浮橋（該橋連接跨烏蘇里江兩岸的俄方領地），雖需照會俄方，但問題不大。但長遠來說，就難說。這跨海浮橋，每天開放兩小時，所以，我們必須從撫遠一早出發，在十點半前過此浮橋，抵達烏蘇鎮。

中方擬將黑瞎子島建設為自由貿易區。該處地處東北亞的核心，發展潛力大，（該處有導航站，北京飛三藩市的航線就經過該地）俄方也有此積極性。中俄雙方即將在同江（撫遠西邊，黑龍江南岸）建跨黑龍江鐵路橋。幾年以後，西伯利亞的石油、木材會經同江大量運往內地。

國際間，實力才是現實。釣魚島現為日人占據（？），時間久了，令人不安。臺方要和日方談漁權，但漁權離不開主權。日方也不會和臺方談主權。因為，日方只承認北京代表中國，並認可臺灣屬於中國。 所以，臺灣問題、兩岸問題不解決，談「保釣」，就點不到要害。

該處雖然俗稱為北大荒，但現在變化很大。我在該處還見到溫室裡培養臺灣的蝴蝶蘭，外銷俄羅斯。蝴蝶蘭本屬溫熱地區，竟也能在北國大規模種植。據當地朋友講，江丙坤、蕭萬長等均去過多次。臺灣農業界對於參加該地的發展多有興趣。

前陣子，報載已開放黑瞎子島中國境內的旅遊，看來對黑瞎子的建設步伐不慢。

2011年9月

關於簡化漢字

　　簡化漢字自古就有的，在甲骨文、金文中就有。到了篆書、楷書的年代，簡化字就更普遍了。「五四」以後的1922年，錢玄同等提出了《簡省現行漢字的筆劃案》，得到胡適等的支持。1935年8月21日，國民政府教育部公布了《第一批簡體字表》。這說明，現在大陸使用的簡化漢字，不是1949年後，才有的，民國年間乃至以前，已開始有了的。1949年後，大陸採用的簡化漢字，其實是這個工作的繼續。我在臺灣時，參觀了南港的胡適故居，在中央研究院歷史語言所，買得胡適的「中國新文學運動小史」。這書提及民國初年，關於文言、白話文的爭論，也提及漢字的拼音、簡化問題。看了這書，對於這些歷史的過程，就讓人很明白了。(也就瞭解，現在臺灣在用的注音符號的來歷——不少都是當時人為「創造」的。)這本書很薄，才72頁。建議，大家到臺北時，可以去買來讀。

　　河南安陽的中國文字博物館提到簡體字的溯源：以1986年新版《簡化字總表》為準，選取388個字頭(含簡化偏旁)，進行簡字溯源。結果如下：始見於先秦的有49字占12.63％，秦漢的62字占15.98％，魏晉南北朝的24字占6.18％，隋唐的31字占7.99％，宋(金)的29字占7.47％，元朝的72字占18.56％，明清的74字占

19.07％，民國年間的46字占11.86％，1949後的一個字占0.26％。
可見，現在大陸通行的簡化漢字不是1949年後，才所謂的造出來
的，這些簡化漢字是歷代字體的總結的一個方面。另外，值得注意
的是，有些簡體字，如「万」，「于」，其實是本字。現在以為的繁體
字（萬，於），反而是後來才經過假借而產生出來的。

我們再看，簡化字的字數有2235個，是有限的。1986年公布
的《簡化字總表》中，不做簡化偏旁用的簡化字有350個，可做簡化
偏旁用的簡化字有132個，專做簡化字偏旁的有14個，由後二者偏
旁簡化出來的簡化字有1753個，占了簡化字的78.43％，以上的簡
化字合共2235個。 可見，簡化漢字的大部分是偏旁的簡化，因此
具有規律性。這點，熟悉行書、草書的人會理解到，這些簡化的偏
旁正是行、草書的遺留（事實上，行書、草書源於漢代的隸書的轉
變，而楷書反而成熟的晚，直到唐代。而這個楷體和現在大家以為
的「繁體字」也不完全是一回事。）。說到這裡，我就憶起2009年的
春節，我去北京的一個博物館看「傳承與守望」的書法展覽，見到
當年翁同龢收藏的明代文徵明的信札，其中的行草寫的非常瀟灑、
好看。我再仔細一看，竟然都是現在的簡化漢字。這就更驗證了
「簡化漢字」很多其實是來自行草的。諸位不信者，可找找文徵明的
行草書法字帖，驗證一下。自古歷來固然就以楷體作為官方的「通
用字體」，但那是給科舉考試，辦理文書用的（所謂的「館閣體」，
固然字體很正，但沒有美感。），而日常所用的，大量還是相對於
這些官方「通用字體」的所謂「簡體字」。

漢字的歷史發展，導致漢字有多種書體和寫法，乃是歷史發展
的結果。我們心目中的漢字，實應包括各種字體，它們都是我們文

化的遺產。而不宜以為「繁體字」乃為正宗，乃為「正體字」，認為只有「繁體字」才是我們的文化遺產。如此，就是不瞭解漢字的歷史、來歷了。我們從漢字演化的歷史來看，所謂的「簡體字」、「繁體字」其實並不是很準確的概念的。

　　有謂，簡體字有些不符合「常理」，如說是「爱」字無心，等等。大家不妨可以去看王羲之的「二謝帖」中的「愛」字，就是沒有「心」的。其實，漢字本就有多種字體，所謂異體字就是這個意思。我們瞭解到漢字的字形固然相對固定，但也不是絕然沒有變化的。一些字體就逐步隨著時空的變化被淘汰了。舉一個例子，「法律」的法字，不知道堅持正體字、繁體字的人們如何說它是繁體字？正體字？相對於過去的「法」子，現在的這個「法」字，其實，就是簡體字了。老祖宗的「法」字是很難寫的，右偏旁有鹿字等等（指的是一種傳說中的獸類）。所以，所謂「繁」、「簡」體字，都是相對的概念。今天的繁體字原來是過去的簡體字，今天的所謂「正體字」，在過去，可能就不是正體字了。很明顯，現在的這個「法」字，肯定就不是我們老祖宗認可的「正體字」的。我們今天看康熙字典中的字，大半都成了死的字了。簡化漢字，包括繁體字，也會遭受同樣的考驗。我相信，不符合「常理（漢字的固有之理）」的漢字，不論是簡體字還是繁體字，也都會被淘汰的。

　　目前，兩岸共同編纂的，關於兩岸不同使用的詞彙對照詞典中，稱臺灣方面所用的為「標準漢字」，而大陸方面所用者為「規範漢字」（就是所謂的「繁體字」，「簡體字」），雖然也不是很恰當，但凸顯了兩岸「官方認可」的通用（通行）性，似乎是較為合宜的稱呼。

　　按文字、語言乃溝通之工具，約定俗成而已。只是臺灣不少

人，也包括不少大陸的人，對簡化漢字有諸多誤解。目前的情況是
在臺灣、香港，通行的是所謂的「繁體字」，而在大陸，以及海外
（各國的漢語教學），通行的是所謂的「簡體字」。如此，是有不便，
也是事實。這個不同，只能靠兩岸的逐步交流（融合），由未來歷史
的發展來解決。（我們看漢字的歷史沿革發展，也正是如此的。）當
然，我們也不反對通過兩岸的權威機構，來「加速」這個進程。但
如此，是否有效，還待時間來考驗。

　　字寫得好不好，與繁體字、簡體字無關。如前所述，文徵明的
簡體字（行草）就寫得非常漂亮。現在小孩的字都寫得不好，不論
臺灣還是大陸的，這當中原因很多。大陸小孩在小學一、二年級開
始學寫字時，老師就給很多功課，導致小孩為了完成功課，字就急
著寫，這就種下了字寫不好的後果。我聽說古代小孩開始讀書時，
固然能識得不少漢字，但不一定都去寫它們。小孩在相當長一段時
間裡，就寫固定範圍內的一些字，直到掌握了書寫的基礎後，才逐
步寫其他認得的字（何況有些字是好認，但是難寫呢），所以不如
現在的小孩這樣，認一個字和寫一個字，同步進行。想來，這是有
道理的，這樣就能樹立起一個較牢固的書寫基礎。我的小孩小時，
每年的寒暑假，我都讓她照著字帖，練寫字（硬筆）。一個寒暑假過
來，字體就好了很多。但是開學後，慢慢字就越寫越差。等到下個
寒暑假，再照著字帖，練寫字。幾年這樣下來，效果還很好。這個
經驗可以介紹給有小朋友的家庭。練字忌求每天寫多少字數，重點
在用心觀摩。所謂「讀帖」，就是這個意思。另外，現在寫毛筆字的
機會很少了，所以對於一般的人，練字，除非學習書法，用硬筆就
可以了，要求的就是字體的框架。有謂，練字必須用毛筆，這是不

對的，太絕對了。我在清華的班上都和同學們講，一個人一生中，能寫好字是很重要的，反映一個人的素養、情操和境界。每年的寒暑假，我都要求我的學生注意練練字，他們一些人的字，實在寫得「面目可憎」了。

2012年5月

從海外「藏獨」的鬧事說起

　　時間過得很快，又是四年過去了。記得北京奧運會前，海外「藏獨」到處鬧事，惹得在美國、歐洲、澳洲的華僑、留學生都出來遊行、抗議。西方一些人就是利用（有些人是對情況不瞭解）這個事情，時不時，搞搞中國。所以有機會讀讀西藏的歷史，瞭解歷史的來龍去脈，很是重要。

　　西藏自元代以來（七百多年前）就由中央政府管理。它的達賴、班禪都由中央政府任命的。西藏是中國的一部分，這是明確的。50年代達賴因不滿他在西藏的農奴制度受到威脅（改變），出逃印度，又受美國支持就搞獨立，等等。事實上，目前中國已不是一般的國家。印度、美國包括歐洲的政府都再不能和中國「硬碰硬」，從大的方面，它們都不再支持達賴了。所以，這個事情鬧一段時期，就會過去的。西藏以前是政教合一的農奴社會，非常野蠻、落後的。就是在1949年後，才開始逐步脫離這個情況。當然在改變的過程中，總會有人不滿，包括一些問題的處理不是很好，就會出現一些情況，這些都不奇怪。從根本來說，那裡的問題不是人權的問題。過去的農奴制度哪有人權呢？從文化、宗教信仰的方面講，也不完全是那回事。那個農奴制度比中世紀歐洲的黑暗時期

（文藝復興前）還野蠻、落後得多。

中國人對西方的態度，主要是近代歷史的原因，外國的輿論經常說是共產黨統治後的結果。這是不對的。1840年鴉片戰爭後，中國人就淪入了亡國亡種的危機。1860年英法聯軍火燒圓明園（就在北京清華旁邊），1895年甲午戰爭，割讓臺灣給日本，1900年八國聯軍，巨額賠款。中國就要滅亡了。上海公園說「狗與華人不得入內」。在西方人眼裡，中國人是和動物一樣的。1949年前的一百年，中國人是非常悲慘的。只是到了抗戰勝利後，50年代又經過朝鮮戰爭，越南戰爭和美國人打了個平手，以後1964年開始有了原子彈、氫彈、人造衛星，等等，西方人才開始對中國人另眼看待。最近三十年，中國發展很快，西方的一些人就難理解了。拿破崙說過：「中國是一頭睡獅，不要讓它醒來。中國醒來後，會震動整個世界。」中國人對西方的看法有上述「屈辱的歷史」的原因；同樣的，西方人對中國的態度也有「傲慢的」歷史的原因。他們中的一些人（右派、種族主義者）是很難接受中國逐步站起來的事實。他們就是認為中國這個劣等民族，是人人該唾棄的，如何可能站立起來，發展起來，富裕起來，更如何可能超過他們呢？日本的右派、反華者就是典型的這種心態。（中國不論有沒有共產黨，他們就是看不起的。說共產黨什麼的，只是一個藉口。）1949年以前的美國華僑，被稱作Chinese pigs（China man）。華僑的地位就是70年代以後，才慢慢變好的。對於這點，海外的華僑特別瞭解，他們瞭解到能夠有今天的地位，是和自己的祖國的興盛不可分的。我70年代在美國就親身經歷過這個變化，感受很深。

2012年8月

換位思考，也評北京奧運期間，
臺灣報紙的一文

北京奧運會期間，我讀到臺灣某大報的一文。作者是我熟悉的白先生。文中提及：

但奪金是大陸「舉國體制」教育下所有民眾的夢想。老外開玩笑，「本屆奧運最大的『中國元素』，不是福娃，也不是張藝謀的開幕式，而是『加油』！」不管走到鳥巢或水立方，震天價響就是為中國選手「加油」。油價高漲但還是要加，因為沒有奪金，什麼都不是。加油成了北京奧運場館的全民運動，還不能反對。全民運動的結果，無疑助長中國奪金的氣勢，金牌越多民眾就越霸氣。越霸氣，就越不會思考。

上面用詞，讓人難以理解。作者還是帶著有色眼鏡，在說話。好像大陸、北京的人都是一群機器人，只能聽XXX的「程式」來動作？我去看了一場在鳥巢的比賽。外國選手跑得好的，擲鏈球好的，全場的觀眾都熱烈給他們鼓掌。還有，外國運動員得金牌，奏其國歌時，全場近九萬人都起立，安靜聽著他們的國歌。中國表現得好，就說它好，老外表現得好，也就說他們好，都一樣用平常心

來看待。這些也就是一場比賽，不需聯想了太多。

奧運精神大約也要在一定的條件下來講求。如果身體都不行了還要比賽，未必值得鼓勵。即如，拳擊比賽，如果打死人了，還要打嗎？（極端的例子）腳壞了，不能跑，就不跑，也沒什麼可責備的。劉翔腳傷跑不了，就不跑，無可苛責。同場還有一個美國運動員也跑了一半就不跑了，倒是沒見人們說他的不是。現在也不鼓勵（反對）小孩「捨己救人」。你沒這個能力，就不鼓勵、要求做超出你能力的事。旁人可能「看得過癮」，當事人可未必是這樣「過癮」的。對金牌的「苛求」固然不對，對運動員超過其能力的「苛求」也不必要。

按照這文的邏輯，我想蘇麗文（臺灣運動員，當時，她受傷仍不下場，勇得獎牌。）如果是大陸人。則報導可能又是另個樣子，少不了……為了金牌，XXX「教育下的夢想」，不顧死活，不能不賽，「不會思考」……沒有人道，極權思想？？

蘇麗文回臺後，臺灣報紙說她打出了「臺灣精神」。如果她換成是大陸人，豈不是被說成是「瘋狂的大陸民族主義」？？！！

我認得這位記者先生有近二十年了。白先生是個大陸通，對於大陸是很瞭解的。我想此文的寫法，應不會是他的本意。我的問題是，他或他們報社有何需要如此的詞句來描述大陸的種種？如果是必須如此，才能面對臺灣的讀者，臺灣的民眾，則是相當可悲的。該文的最後一句話——大陸民眾歡欣鼓舞金牌全球第一之際，蘇麗文倒下才真正讓他們瞭解奧運精神所在——則暴露出這類思維對外面世界，也包括大陸的無知。「損人抬己」不是健康的心理。

2012年9月

如何看大陸

　　我經常遇到一些臺灣來的人，問起我在這些年中在大陸生活、工作，對大陸有什麼樣的看法？特別是將來前景的看法。其實，這是一個很難回答的問題。

　　我們常言道：「人算，不如天算。」要預言未來是很難的。主要是因為，影響未來的因素很多，而我們個人對這些複雜的因素，也是很難說能較全面地掌握的。我這次要說的是，天下沒有永恆不變的事物，變化是常態，而不變化只是暫時的。

　　我是1977年來到北京的，當時的大陸還相當地窮，人們的生活也是相當貧困、貧乏的。有多少人，能預料到，就是三十年的時光，大陸今天的GDP僅次於美國這個樣子？（當然，還是有很多窮人，特別是農村。）

　　說起大陸的事情，早期的因為我沒有親身的經歷，只能從別人、長者的口言和書上來瞭解。我太太是北京人，聽她說起她們小時，50年代在北京的生活，感到要比我們在臺北的好不少。

　　1957年「反右」運動以後，中國大陸開始走下坡。下坡的路一直到1976年，文革結束，才又「起死回生」。有關「右派」一事，有關人員，種種，應均早已「平反」了。對此錯誤，也已載入中共的

歷史文獻（決議）。坊間時有關於當年「右派」的下落報導，真是悲慘，時代的悲劇，令人感嘆。章詒和寫的《往事並不如煙》、《順長江水流殘月》就是關於那個時代的一些悲劇的事情。

早期的不說，從60年代到70、80年代初期，來大陸的臺灣人很少，但還是有的。這些臺灣人都是知識分子，在那個時代，他們所遭遇的艱辛也就可想而知。陳若曦女士寫的〈尹縣長〉，是比較有名的，她寫的多為文革中，她所見的光怪陸離的事情。我的一個朋友，牟老師比我早來大陸五年，也吃了不少的苦頭。前幾年，他和臺灣的李老師合寫了《東方欲曉》一書。牟老師寫的是他那些年，從文革到改革開放初期，在大陸的艱苦經歷，而李老師寫的是，也是那個時代的臺灣社會的變動——從威權的統治到民進黨、陳水扁的上臺。

文革結束後，大陸社會的矛盾很尖銳。當時，鄧小平的做法，一是有錯誤的，承認錯誤，改正錯誤，給平反，二是整個社會不能糾纏在歷史的「恩怨」之中，走不出去，而要往前看，向前發展。他的這個做法，獲得了成功，才有今天中國的大發展。否則，社會難免會動盪不止，不得發展。

我來大陸的時間比陳若曦晚了有十年多，比牟老師晚有五年。就這五年、十年，時代變化的差異就不少了。我後來也把我的一些經歷，寫成書——《在歷史面前》，在臺灣出了版，但是，我說的更多的是80、90年代兩岸關係發展的所見、所思。

我說這些的意思是，天下沒有不變的事情，就這幾年的功夫，大陸變化多大啊！當然，臺灣也變化了很多！而今日兩岸關係的變化又有多少人在數十年前能想到的呢？

　　中國的事情很是很複雜，很難有絕對的一個答案，一個簡單的答案。它的時間尺度、空間尺度都不是臺灣可以比擬的。中國近代的路程，從鴉片戰爭以來，可謂崎嶇。今日固然大有發展，但問題也多多。歷史就是如此，引人深思。我深感大陸社會有股「力爭上游」的力量在驅動，不論在何種的時代。

　　一代代中國人各有他們的天地，軌跡，也各有他們關注的問題。所以，一代人所認為多麼重要的事情，也不要以為後一代的人也會一樣看待。章詒和認為大了不起的事情，陳若曦就不一定也認為是大了不起的事情。陳若曦認為大了不起的事情，再後的我這一代也不一定就看法一樣了。比較我（們）更後的一代人也必將有他們更關心的另外的事情的。確也如此，歷史不會等待，歷史不會停下來。長江後浪推前浪。

　　我上述的所言，也意不在說，凡事均為偶然，都沒有個準！歷史應也不是「偶然」的組合，它肯定有其邏輯和軌跡的，只是要能準確預知它，則不是容易的事情。在歷史面前，我們應該謙卑。所以，我們還得珍惜歷史的遺產，包括前人的經驗，經歷。每個人的一生其實都是很侷限的，通過前人的回憶錄、傳記可以豐富我們今人的空間。這也是我平常喜讀一些前人的所寫的回憶錄和傳記，感受上友前人脈搏的原因。這些歷史包括有古代的，也有近代的。通過瞭解以前的這些，是可以增加我們對於瞭解今天的智慧，因為今天就是從昨天、過去演化（變）而來的。確切地說，瞭解歷史是重要的。一個不瞭解歷史、不瞭解過去事情的人，豈不很容易對於今天的事情，「胡思亂想」或乃至「人云亦云」呢?!

　　我也常和臺灣的朋友講：大家不論對兩岸前景的看法有何不

同，對於從清朝末年以來，幾經戰亂，從最悲慘的境地，逐步爬上來，站起來，發展起來的大陸，作為一個有善心的人，是應該祝福他們的！

2013年2月

《參考消息》

　　大陸有一種很特別的報紙，叫《參考消息》，顧名思義，這個報紙提供作為參考的消息（資訊）。這個報紙的歷史很久了，大約始於抗戰時期。那時的通訊不比現在的方便，很大程度上，得靠報紙，而聽廣播大約也不是隨時、隨地能得到消息的。當時，在共產黨控制（管轄）的地區，為了提供給一般的幹部瞭解時事，知曉天下大事的管道，於是，就有了這個集各個通訊社，來自各方報紙消息於一體的，作為參考資訊的報紙——《參考消息》。簡單地說，《參考消息》就是集中轉、採載來自世界各地、各通訊社、各類報紙所載資訊於一體的報紙。《參考消息》最大的特點是，對於轉載的資訊全部原文照登，不論對於大陸（中共）是褒，是貶，是讚揚，還是攻擊，均如實全文照登。因為，它的來源廣，並且往往側重於對立（敵對）方面的消息，所以，往往就成了攻擊大陸（中共）的資訊文章的彙編。這樣反而是好事了，可以讓自己的人，充分瞭解世界各地，各方的派別、人士，是如何地看待大陸（中共）。當然，這個現象在早期的冷戰時期是很突出的。人們不禁要問，那時，大陸是鐵幕，不是封鎖消息，沒有新聞嗎？怎會有這種集中轉載來自世界各地、各通訊社、各類報紙的資訊，並且不少是敵對勢力攻擊，謾罵自己的

報紙呢？所以，從這裡，我們就瞭解到，不論早期的冷戰時期，還
是今天，大陸的人，特別是幹部，對於世界上的事情，知道的，瞭
解的，並不比「自由世界」的人們少，恰恰相反，往往反而是更多
的。這實在是超乎外面一般人們的想像！這就應驗了「知己知彼，
百戰百勝」的道理！聽說，辦這樣的報紙還是毛澤東的建議，他認
為共產黨是被別人罵不垮的，反倒是，共產黨的幹部需要全面瞭解
來自世界各地，各方各面，敵我各類的資訊。我們很客觀地說，在
臺灣的50、60年代（威權時期），就一般城市的階層來說，由於新聞
的管控，真正的「鐵幕」不在大陸，反而是臺灣呢！早期的《參考消
息》主要是給幹部看的，包括城市的知識階層、教師等，以後逐步
開放，現在已經完全放開了，在大陸的各地都可以訂閱得到，在一
般的報刊亭也都可以買得到它的。大陸過去有，現在還一直有的，
俗稱為《大參考》的新聞資訊刊物，目前並沒有對外公開發行，它
的性質和《參考消息》一樣，只是內容更豐富，更全面，並且是每
天上、下午各發行一冊，每冊有上百頁。它主要為中上層的幹部、
部門服務。

　　《參考消息》的一個特點是集中了世界各地，各種通訊社的各
類資訊。舉如：法新社、路透社、埃菲社、法爾斯社、德新社、韓
聯社、共同社、日本新聞網、產經新聞、東京新聞、美國華爾街日
報、國家利益雙月刊、星條旗報、歐洲新聞社、德國N-TV電視臺
網站、英國金融時報、每日電訊報、衛報、俄塔社、法國世界報、
西班牙世界報、伊朗新聞電視臺 以及港臺的報刊、雜誌、新聞社，
等等。現在，網路的發展，使得資訊的傳播可謂無遠弗屆，然而卻
也不盡然如此，語言的隔閡仍是一個很關鍵的障礙。臺灣地方的人

們，主要還是習慣於看中文的，英語也行，但或就不那麼順暢了，至於歐洲的德語、法語，拉丁美洲的西班牙語，還有阿拉伯世界、俄羅斯等地的語言，就更搭不上邊了。所以對於世界的資訊，也還談不上是全面的能接受。難得的是，《參考消息》對於這些地方的各類通訊社的資訊也是全面的收集，翻譯為中文，加以刊載。所以對於美國的各種政策，港臺地方的人們可能看到的是英語世界，並且主要是來自美國的聲音，而看不到其他地方的不同的聲音。如果一個人，每天閱讀《參考消息》，他所獲得的資訊，應該會是來自全世界，較全面不同的聲音的。

　　《參考消息》現在的版面內容也是多姿多彩，欄目則有：新聞熱點、時事縱橫、經濟廣角、財經透視、軍事瞭望、科技前沿、社會掃描、文體看臺、參考論壇、副刊天地、海峽兩岸、海外視角、觀察中國、中國大地，林林總總的，世界各地各種有趣的內容也有。關於臺灣各類時事，各類報社、各類人物的所言所行以及所寫，也是選登的熱點。自然，這些也包括來自所謂「綠營」方面的資訊，包括他們所發表的各種對大陸很不友好的，乃至謾罵的各種言論，一字不漏、不改，全文照登。所以，我還和臺灣的朋友開玩笑說，這些不友好和謾罵的言論和文字，在臺灣，可能人們會以為是選舉時的語言，當作耳邊風。但是，在大陸的《參考消息》都會一個不漏的加以轉載，如此一來，大陸上的上億人（《參考消息》的讀者應有幾億人），就都紛紛知道了，真所謂：好事不出門，壞事傳千里！臺灣的朋友所寫的文章，有時也會在《參考消息》上轉載，我就不期然告訴他們說，祝賀你的文章在《參考消息》上刊登了，你的文章有上億人閱讀了啊！

　　我問過不少來過大陸的臺灣朋友，他們知道這個《參考消息》否？居然，多數人都不知道。有一回，接待臺灣的教師團，成員都是臺灣的大學、中學的老師，我就給他們帶去幾份那幾天的《參考消息》，作為見面禮。果然，大家爭相傳看，說是未見過這類的報紙。臺灣的朋友讀者們，下次你們來大陸時，不要忘了在大陸的日子裡，每天早上到住處附近的書報亭，花個五毛錢，買一份《參考消息》讀讀！

2013年12月

關於大陸的社會政治體制

　　我見過一些在大陸上工作過很多年的臺商和念了多年書的臺灣學生，讓我很驚訝的是，他們雖然生活在大陸上多時了，但是對於大陸的社會結構的瞭解還非常有限。即便是經常跑兩岸新聞的記者對於大陸的社會結構的瞭解，經常也很有限（或許說的有些絕對，但也不盡然）。這樣他們寫出來的關於大陸的報導，其深度就可想而知了。這樣推演下去，在臺灣島上的人們，透過這些記者的所寫，能較有深度地瞭解多少大陸，也就可想而知了。舉個例子，幾年前，有個臺灣學生在北京清華學習了兩年，畢業臨離開北京前，來和我話別。我問他，畢業後，準備做什麼呢？這個學生告訴我說：畢業後，擬去美國再學習，因為來到過世界最大的「共產國家」後，準備再去世界最民主的國家念書，這樣可以有個對比。很明顯，這個學生從小在臺灣所受的關於大陸和美國的印象，還是根深蒂固地在他的腦海中，雖然，他已經在大陸待了兩年，並且年紀也大了些，也學習了知識，完成了碩士學業。此類現象，並不是孤立的特例，確實如此。

　　中國共產黨（簡稱中共）是大陸的執政黨，這是中國近代歷史自然形成的。辛亥革命，滿清被推翻後，中國便陷入了軍閥割據、

混戰的年代。北伐以後，張學良在東北易幟，歸順中央，名義上，中國是統一了，但各地軍閥各把一方的局面，事實上，並未曾改變。這個局面，直到1949年，中共執政後，才得到徹底的改變。

　　要瞭解大陸的政權結構，首先得瞭解中共的組織系統。在北京，面向全國的有中央委員會，一般所說的「中共中央」，即是指此。中共中央有政治局，政治局再有常委，常委的總負責是「總書記」，其餘幾位常委分別負責國務院，全國人民代表大會，全國政治協商會議，宣傳、紀律等方面的工作。中共中央下設一些部門，有負責黨組織工作的中央組織部，負責宣傳工作的中央宣傳部，負責和外國政黨聯絡的中央對外聯絡部，以及負責和非黨人士聯繫的中央統戰部，紀律檢查委員會，等等。多年前，為了因應兩岸關係的發展，還設有臺灣事務辦公室（中央臺辦）。全國以下各省、市、自治區，縣等均設有相應的委員會，負責的書記，以及相應的組織部，宣傳部，統戰部，紀律檢查委員會，臺辦等。這些部門的人選任命就由中央組織部和各地的組織部門統領安排。

　　全國人民代表大會（簡稱「全國人大」）制度是政權的體現形式，具有立法的權力。它以省、直轄市，自治區為單位組成。其成員則由各地方選舉產生。各省、直轄市，自治區代表團的名額按人口和保證各少數民族，社會成員（如婦女）的代表性產生。全國人大設有常委、副委員長和委員長，由代表們選舉產生。委員長由中共中央政治局常委任職，副委員長則多為民主黨派的中央主席任職。全國人大依據中共中央的提名任命國務院總理，最高法院、檢察院的院長，並任命總理提名的部長等。全國人大還選舉代表國家的「國家主席」。國家主席由中共中央總書記任職。也是由於臺灣的

問題，全國人大有臺灣省代表團，代表的是居住在大陸的臺灣省籍人士。各地方的行政區域也類似地有各級的人民代表大會，並具有相應的政權權力。

政府的系統方面，在全國範圍的是國務院，負責的是總理，以下各省、市、自治區、縣等，設有各級的政府。總理由全國人民代表大會選舉產生。以下各級的省長、市長、區主席、縣長等由各級的人民代表大會選舉產生。關於臺辦，因為有時牽涉到行政的作業，所以，也有將臺辦列為政府的部門的，或是一個牌子，兩個名稱的，即如，「中央臺辦」和「國務院臺辦」。國務院下設有「僑辦」、「港澳辦」，專責海外華僑，港澳地區的事務。在港澳則有中央駐港澳聯絡辦負責港澳和國務院的聯繫。

司法、檢察系統也一樣，有全國性的最高法院、檢察院，以及各省、市、自治區、縣等的法院和檢察院系統。法院院長、檢察院院長則由相應的各級人民代表大會任命。

此外，由於歷史的原因，目前還有八個「民主黨派」，工商業聯合會和無黨派人士參與全國的政治。臺灣民主自治同盟（簡稱「臺盟」）也是其中之一。按臺盟是臺灣「二二八」事件後，由謝雪紅等一些臺灣人士在香港成立的，主張臺灣的「自治」和「民主」，故名。臺盟後來也參與中共的建國。這些民主黨派都是全國性的政黨組織，唯獨臺盟是地區性的，由臺灣人士組成的，但也參加全國的政治活動，這當然是由於臺灣問題的歷史原因所致。中共中央由總書記出面定期和這些黨派的中央負責人有各種協商全國重要政治事務的會議。民主黨派的成員在國務院，以及各省、市、自治區、縣等均任有部長、副職的省長、市長、縣長等。因此，這些民主黨派

稱作「參政黨」，這和外國的「反對黨」是不同的。

　　政治協商會議這個系統比較獨特，和外國的政治系統不具可比性。這也是歷史原因所產生的。抗戰勝利後，以國、共兩黨為主，在美國的協調下，有所謂的「政治會議」，商議中國戰後的政治安排。後來經由國民黨方面的提議，增加了「協商」，成為「政治協商會議」。國民黨敗退臺灣以後，「政治協商」的概念和活動倒是由中共所繼承和發展。目前，在全國的範圍，有「中國人民政治協商會議全國委員會」，簡稱「全國政協」。全國政協的成員由社會各界經過協商產生（不是選舉），包括中共、民主黨派和各個社會（群眾）團體，如教育界、科技界、婦女界，等等。全國政協還設有各種專門委員會，如外事委員會、環境資源委員會、港澳臺僑委員會等。全國以下，各省、市、自治區、縣等也有相應的「政治協商會議」。所以，「政協」是個涵蓋面非常廣泛的一種政治活動組織，並且規定政協的成員中，非共產黨的成員要占多數。「中華全國臺灣同胞聯誼會」（簡稱「全國臺聯」）和各地方的「臺聯」均為社會（群眾）團體，也都參加全國政協和各級地方的政協會議。「全國政協」的常委、副主席和主席則由「全國政協委員」選舉產生。主席由中共中央常委任職，副主席則多為各民主黨派的主席任職。地方的政協主席、副主席和常委也類似產生。和人大具有立法權不同，政協主要是起社會各界人士對於國家政治等各方面的事務，提出批評和建議諮詢的作用。每次全國政協常委會召開時，一般國務院副總理都會出席，就國務院當前的一些重大政策，做出說明。

　　以上羅列大陸主要的社會政治組織系統，瞭解、區分了這個組織系統，會有助於對大陸事務的觀察和瞭解。我們也可以瞭解到，

所謂的「中共國務院」、「中共政協」等臺灣常用的概念是不對的，
從邏輯上說也是不通的，它們分屬不同的系統。臺灣人，特別是記
者，到了大陸，如果還是採這樣的用詞，則難免讓人感覺「怪異」，
乃至有誤解。記得，有一回在上海開APEC，一個臺灣記者就問外
交部長說，「中共國務院⋯⋯」，結果引來這位部長幾乎是訓斥的回
應。這個專跑兩岸新聞的記者也是太外行了。

　　總之，和臺灣人在大陸經商、念書關係密切的統戰部是中共黨
的系統（專責和非黨人士方面的聯繫），臺辦是黨、政的系統，臺盟
是臺灣人在大陸的黨派組織，臺聯則是大陸上臺灣人的社會團體。

2015年4月

談大陸的新聞現象
宣傳有紀律，研究無禁區

　　報紙新聞是由個人或團體舉辦的。固然新聞的報導有其客觀真實的一個方面，但也連帶有其主觀對待、理解、解釋所報導新聞的角度和立場。舉辦報紙新聞的人們總是有宣揚自己主觀的立場，而不至於宣揚自己對立面的傾向。這是不容忽視、明顯的事實，不論是美國、歐洲還是臺灣、大陸的報紙，宣傳機構都具有這樣的共性。美國確實是有一些令人敬佩的記者，敢於發表一些令當權者難堪的報導，包括挖掘一些當權者的黑幕。但這些，並不能改變美國的報紙、通訊社總是一些大的財團、勢力的喉舌，這樣的屬性。它們的言論，在大的方面，總是在為美國的利益，它們所代表的財團和勢力的利益而發聲的。大家如果注意觀察，便可以看到，當中美關係冷落，對抗的趨勢明顯時，美國社會的報界、輿論界和智庫，對中國的不利言論、批評的聲浪便如潮湧。而當美國政府趨於和中國政府在全球的事務上尋求合作時，美國的報界、輿論界和智庫對中國的反對聲音、不利言論便也趨於和緩。所以說，美國的報界、輿論界和智庫和美國政府的對外政策是相輔相成的。

　　大陸的報紙宣傳是由中共中央的宣傳部負責統籌的。自然，它有它的宣傳主調，在某個時期，社會上的報紙、新聞、電視主要

宣揚哪些方面，就由這個部門負責總籌劃。它對於社會上、國家層
面的種種和新聞、宣傳有關課題的總方針，姑且可以用十個字來概
括，就是：宣傳有紀律，研究無禁區。宣傳有紀律是指，新聞、宣
傳的報導得要求有個主導的方向、傾向，不能隨意違背國家的大政
方針，包括外交的主導方向。宣傳有紀律指的是大的方針、政策方
面。現在，大陸也逐漸走向多元，宣傳有紀律也不是說或者規定哪
些芝麻蒜皮的能否報導。舉個例子：現在整個國家政策是反對腐
敗，反對假公濟私，在這樣的氛圍下，如果有認為腐敗是經濟發展
的必須，這樣的觀點的聲音，報紙上、電視上、新聞上肯定是發布
不了的。又如，現在的外交政策，是和日本鬥爭釣魚臺的時候，如
果，有人認為，釣魚臺是日本的，這樣的聲音，肯定也是發布不了
的。再比如，現在兩岸關係不再是敵意了，而是和平發展的良好時
期。在這樣的總基調下，大陸的報紙、電視總會報導臺灣陽光的方
面多，而不會刻意去報導、挖掘臺灣社會黑暗的方面，即便臺灣
發生了很不好的事情，包括陸客到臺灣遇到不愉快的事情，乃至臺
灣人在大陸犯了法，也總會用持平的態度，盡量低調來處理，來報
導。這就是宣傳有紀律的意思。這個就和臺灣的報紙很不同，臺灣
的一些報紙經常就一些大陸上的，還有陸客的一些負面消息，大幅
報導，大幅宣揚。

　　然而，社會上的現象，種種問題，各種矛盾，總是存在的，不
能掩蓋、迴避的。對於這些社會現象總得認真探索、研究，乃至提
出解決的方案。所以，大陸上的宣傳部門、記者，和境外的不同，
還負有反映社會現象，包括黑暗面的方面，以及研究解決社會問題
現象的職能，只是這些報導的內容，就不一定在報紙、新聞、電視

上出現，而是經由「內部參考」的管道，反應給有關的政府和黨的部門，因此，海外的人也就不一定知道瞭解。對於這方面的瞭解、探索、研究是不能有掩蓋，迴避的禁區，所以說是：研究問題無禁區。這些年來，大陸社會的開放程度也越來越高，報紙、電視上也經常發布一些黑暗的、官員腐敗的事情。這些素材不少就是經由新聞記者的挖掘，而取得的。瞭解了大陸的新聞體制，也就不難理解這點了。

我在之前的《書簡》裡，曾經介紹過大陸的《參考消息》。這個報紙很獨特，它不刪不減，全面登載全世界各地通訊社、報紙、刊物的消息文章，以及外國對於大陸各方面的報導，特別是負面的報導，乃至攻擊性，詆譭性的輿論。這個報紙是公開發行的。如果說，大陸總在封鎖不利於它的消息，你就很難理解為何還能有這樣的報紙，公開在社會發行，並且它的讀者群還最多，有好幾億。

總之，對於大陸的宣傳、新聞體制，不能簡單地用「自由不自由」，來看待、來歸類。而必須稍加深入來瞭解。「宣傳有紀律，研究無禁區」雖然未必能全面反映關於大陸的新聞、宣傳的實際運作情況，但倒也能相當程度地概括它的核心內涵。

2015年5月

宏觀看待兩岸關係的發展

　　兩岸關係發展的決定因素在於大陸的發展。如何看待大陸的發展是全世界關注的問題。多年來，各類的政治、經濟學家都有數不盡的分析研究和報導。我對這個大題目也不敢說有何研究，只能就自己在大陸多年來的親身感受，說一點皮毛之見。

　　現在，據報導，大陸的國內生產毛額（GDP）已經超過了日本，儼然成為僅次於美國的第二大經濟體。普遍的看法是，大陸發展的勢頭還是迅猛的，固然，問題也很多，需要逐步克服。

　　我們就先簡單回顧一下大陸自身的發展，早期50年代的不說，可以將之大約分為三個階段：1976年以前，1976年至1990年和1990年至今。1976年以前，經濟社會的發展可謂大起大落。文革中，社會固然動盪不安，但整個社會、經濟仍有不少發展，可能主要為國家投資的大型工業體系。但也隱藏危機，GDP是大起大落，這就暴露在1976年了，那年的GDP還降為負值。經濟社會發展的大起大落，反映的是社會的「折騰」，損失自然慘重。海外、臺灣一些對文革多持肯定者，大約只片面看到了這期間，社會發展的部分，對於損失的方面缺少準確的瞭解評估所致。

　　1976年後，大陸進入「改革開放」時期，全面調整對內對外政

策以及和臺灣的關係。從1976年至1990年有發展，但也不是很穩當，GDP可以從幾個百分點到隔年的10％多。這期間，臺灣經濟高速發展至1994年（大約）。也因此，兩岸GDP的對比就從1978年的5.5降至1993年的2。有朋友對這個變化有疑問，認為改革開放後，大陸進步快，為何兩岸GDP的對比就從1978年的5.5降至1993年的2？從此大約就可以瞭解了。1990年至今，大陸的經濟情況有進步，趨勢相當平穩，不若之前的大起大落，特別是近二十年。這反映著經濟社會的發展較過往的成熟不少。最近幾年，世界性的金融危機固然對大陸的發展有影響，同時內部的問題也不少，但基本情況未有大變化，應還算平穩迅速的發展著。大陸現在的GDP已超過德國和日本，公認是世界的第二大經濟體。目前，據瞭解，臺灣的GDP大約是大陸的二十分之一（香港則約為大陸的三十分之一）。如果未來大陸再順利的發展下去，這個數值還會再變小，這是自然的。不說別的，到目前，大陸的發展主要還在城市的方面，廣大的農村還有很大的發展空間，因此潛力巨大。有些人對此會覺得不可思議，這是他們囿於過去大陸長期處於「窮困」所造成的偏見。大陸一路走來，六十年，尤其是最近的三十多年，相當不容易！ 大陸的發展目前影響著全世界，它的動靜都引觀瞻，是不爭的事實。中國的當政者也極力在說服世界，它的發展只會有利於世界，而不是威脅。我們也相信，大陸的發展，兩岸關係的推進，也定能造福於臺灣的。自然，GDP的資料不足以全面顯示一個社會發展的素質和水準。大陸目前面臨的問題，諸如環境的問題，腐敗的問題，社會公德的問題，還都有待執政當局拿出魄力，逐步加以解決。總之，重要的是，大陸的執政者要能堅持百年來，中國

大地幾代仁人志士所堅持的革命的目的在於為了絕大多數中國人過上幸福的生活，這一最根本的目標，則中華民族的復興就是可以期盼的。

現在，隨著兩岸經濟往來的密切，大陸已經是臺灣的主要出口地。臺灣因為地方小，發展空間有限，加上世界外部的條件不若60、70、90年代，總的趨勢是它的經濟會進一步和大陸融合，這不是哪個人、團體或政黨所能阻擋的。在這樣的大背景下，我們看到，越來越多的臺灣年輕人來大陸念書、就業。（只是由於臺灣方面的限制，目前大陸到臺灣的投資，以及相伴的大陸人到臺灣從事商貿等活動，還受到相當大的限制，但這些有悖經濟活動的限制，未來肯定會逐步被取消的。）據我瞭解，我所畢業的新竹清華年輕的校友們在大陸就業的就不少，並且還成立了聯誼性的校友會。出乎我意外的是，目前也有一些大陸的大學畢業生，也到新竹清華去念了碩士學位。他們中回到大陸工作的，也加入了這個校友會。這些大陸籍，在臺灣上過學的，自然較熟悉兩岸的方方面面，也因此，更容易得到臺資和外資企業的歡迎。

存在決定意識。這些在兩岸關係發展中，走在前頭的人們，自然也獲得兩岸交流的好處（固然，開創道路的艱辛也令他們中的不少人吃過苦頭）。這樣，他們多數也會贊成兩岸關係的進一步平穩發展。相反地，那些處於兩岸關係發展的「邊緣者」自然會有種種的反應，乃至「逆勢」的舉動，這並不出人意外。這些人的「逆勢」操作的能量固然很難改變兩岸關係發展的潮流，但是它的動量也不能被低估，特別是在當前這樣的時機和時局下，這個「逆勢操作」是經由有心人的鼓動而發動的。這樣的操作只會亂了臺灣，而無損

於大陸，是不可能持久的，也自然不會得到人們普遍的支持，即便在國際間，也難以得到附和的。

有謂：世界是由矛盾組成的，不同的矛盾要用不同的方法來解決。我們對待臺灣方面反對兩岸關係發展的矛頭，則要本著冷靜客觀的態度，區分不同的性質，區別對待。對於絕大多數的一般百姓言，只要兩岸關係一直發展下去，相信會有越多的人，會看到這是一條臺灣走向發展的必由之路，從而改變他們原先消極和反對的態度。只要臺灣多數人都希望兩岸關係要發展，要和平，則任何的臺灣當局就很難或不敢逆潮流而動了，即便是一些政客也很難有恃無恐地肆意妄為。

自然，兩岸間的固有格局下的矛盾還待兩岸的「智者」來解決，兩岸關係的發展在未來或許也不會一帆風順，但是，我們深信兩岸人民間利益的共同需求一定會驅使兩岸的執政者走上一條合乎理性的、和平的大道。

這文是我五年來《書簡》的完結篇。希望這些文章(共有六十篇)能給臺灣的年輕學生們一點啟示。這些話題大多也是我在北京清華課堂上，經常和學生們閒聊的話題。如果這些文章也能對大家起到開拓視野，充實生活，乃至對於未來的人生能有所助益，則是我最高興的事情了。最後感謝《兩岸犇報》能給我這個和大家交流的空間，也更感謝大家五年來對《書簡》的閱讀。

2016年3月

保

釣

篇

關於四十年前海外「保釣運動」的歷史意義（一）

　　很多年輕的朋友或也瞭解到，四十年前，在海外發生過由臺灣、港澳留學海外的學生以及華僑學界所發動的「保衛釣魚臺運動」，及其後續的「中國統一運動」，「保南沙運動」，作為當年參與者，我至今仍然感到心潮澎湃，熱血沸騰！四十年後，我們就更能從歷史的脈搏，把這個運動的性質看得清楚了。

　　首先，它是一個上續中國近代知識分子，振興中華的運動。通過這個運動，把分隔了二十多年的兩岸歷史淵源再度續接起來。以李我焱、陳恆次、陳治利、王春生、王正方，五人衝破兩岸的阻絕，到訪大陸的義舉為標誌，開啟了重新續接兩岸自1949年後斷裂的聯繫紐帶。而周恩來總理接見這些來自臺灣的海外學子，夜深長談六小時，更成為歷史的美談。歷史說明，兩岸關係阻絕的破冰者，不是別人，而是我們海外的臺灣留學生。其後的「中國統一運動」則更加深入地耕耘了兩岸關係的發展。歷史說明，兩岸關係的開拓者，不是別人，也是我們海外的臺灣留學生。海外的臺灣留學生通過這個運動，開始瞭解了既陌生而又熟悉的大陸。自然，海外的這些運動，無疑地也對臺灣那時的「黨外運動」，起了非常深刻的影響，這對後來臺灣島內的影響是非常深遠的。

　　四十年後，我們更清楚地瞭解到這個運動，不僅關係到釣魚臺的保衛，也關係到兩岸關係的發展，關係到中華民族走向海洋的深遠意義。

　　70年代海外臺灣、香港、澳門留學生和華僑學子們，這一段可貴的史蹟，應完整無缺地成為，臺灣歷史的一部分，兩岸關係歷史的一部分，中國近代史的一部分。

　　近年，兩岸清華大學獨具慧眼，認識到這個運動所遺留下來文獻、資料的歷史價值，並啟動了收集和保存的工作。作為這個工作的參與者，我特別要提及北京清華大學圖書館在這個工作上的戮力。現在，應該可以說，北京清華大學圖書館的保釣資料、文獻和當事人口述歷史的工作，已經巍然可觀。與之有關是，北京清華大學圖書館還和當年的保釣朋友配合，出版了「春雷」系列文集——《崢嶸歲月‧壯志未酬》兩大冊。如今，北京清華大學圖書館還成立了「保釣資料收藏研究中心」。我們期待這個工作能更上一層樓，使得清華大學的這個「中心」能夠成為：大陸的愛國主義教育基地；國家對外有關政策的諮詢參謀機構；海峽兩岸文化教育交流的一個平臺；而對外言，是一個聯繫海外僑界的紐帶。近來，臺灣到北京參訪的朋友開始有到清華大學圖書館參觀這個「中心」。同時，大陸的年輕研究生也有開始來研究這段歷史的。這些都是非常難能可貴。臺灣的朋友別忘了，到了北京，一定要去清華大學參觀這個「中心」啊！

　　70年代海外的「保釣運動」及其後續的種種運動，前後延續有十年多。說這個運動是「偉大」的，或也不為過，因為古今中外的學生運動鮮有如此規模的，更鮮有此長時間的跨度。然而，我們也必須瞭解到，運動雖然偉大，但不等於說，參與者也是偉大的，這

完全是兩回事。參與此運動者，更多的說只能是平凡的，雖然在歷史的機緣中，有意識、無意識地做出了時代所賦予的角色。自然，每個人在運動中的所得、所思，乃至所失、所悔，也必然是會有的。所以，我們可以聽到，所謂的「老保釣」，至今對當年運動的印象、觀點、看法乃至評價總是很不一樣的。我在下封信中，就簡要說幾點我個人的看法，給大家參考。

2011 年 5 月

關於四十年前海外「保釣運動」的
歷史意義（二）

一、「保釣」運動雖然源於保衛國土之愛國行動，然而其所涉及之範疇，則遠不止於單純的愛國情愫。「保釣」運動以及隨後的「中國統一運動」，觸發了港臺留學生一個思考：做為一個留美知識分子，在其所處的時代，面對自己的故土，留學地乃至世界應持抱何種立場。此種思考，以及引發的一種覺悟，覺悟到知識分子不應只是有知識之人，而應是對故土、世界的發展有諸多道德責任。此就個人而言是一個世界觀塑造的過程，而就當時一代留學生而言，則是一種人文思潮的覺醒。如果我們回顧當時的港臺社會的本質，以及這群學生從小所受的教育，和世界觀言，「保釣」運動實則為一思想解放之運動。海外的「保釣」運動所借鑑於大陸「文革」的，更多的是一個知識分子所應具有的道德良知。這些道德良知為古今中外歷代進步力量所揭櫫、所繼承。因此，我們應充分肯定這種進步的道德觀、世界觀。經過這場運動、時代的人應珍惜當年的此種獲得。

二、「保釣」運動所宣示的道德觀、政治觀、社會觀不僅對華人社會有所衝擊，此種剖析、批判也大大增廣了人們對臺灣社會問題本質的認識。臺灣自70年代以降至今，整個政治格局有了巨大的變化，其所伴隨之群眾自我覺悟與「保釣」運動所宣示的進步思潮是

緊密相通的。「保釣」運動亦充分肯定臺灣社會一脈相承的人民性、進步性的思潮傳統。當年周總理以其敏銳的歷史洞察力說，「保釣」運動是海外的「五四」運動。這是對「保釣」運動高度的概括。無疑地「保釣」運動雖然發生在海外，但確是臺灣現代史上一個重要的劃時代的歷史事件。

三、「保釣」運動學生首先架起兩岸已阻絕二十多年的聯繫管道。證諸當年臺灣社會的「戒嚴」統治、白色恐怖，此誠為破天荒之舉，此種膽識只有年輕的一代，學生才有，亦只有他們才能推動歷史之前進。當我們看到今日每年有上百萬臺灣人前去大陸，對比當年留美臺灣學生得冒被吊銷護照，上黑名單以及連累在臺家屬之危險，「偷偷摸摸」去大陸，不禁感嘆世事滄桑。人為的阻絕兩岸交流是違反歷史的，然而這在當時的條件下，卻被扭曲成「合理的現實」——反共的必須。四十多年後的今天，固然兩岸交流有了很大進展，但我們不能說上述的扭曲心態已經不存在。相反地，此種心態陰影尚且有相當市場。

四、「保釣」運動的留學生來大陸參觀遊覽，通過自己辦的小刊物，大量介紹了大陸自1949年以後社會變革的各種情況，立場鮮明地歌頌自1949年以後，大陸在西方包圍下，自立更生建設家園的動人事蹟。雖然由於多種原因，這些報導多具有從善良願望出發，帶有強烈美化大陸的色彩，但這些對比於當時臺灣乃至西方在長期反共、反華宣傳下，普遍造成的對大陸強烈扭曲的印象的衝擊，自亦有其歷史作用。例如，在留學生中為大陸「侵略」朝鮮「平反」。我們應歷史地看待這個問題。當時「保釣」運動的留學生對於生疏的大陸是抱著認真的態度去瞭解的。 需要指出的一點是，當時海外臺

灣人社區中要求臺灣進行政治改革的尚有其他團體，包括主張「臺灣獨立」的。「保釣」成員與之不同的是，他們看到了臺灣問題的本質，將臺灣的前途與兩岸關係聯繫在一起，因此主張人為隔絕兩岸的藩籬應該拆除。這些四十年後，均為歷史所證明是完全正確的。

2011年6月

不一般的思索，不一般的見識

　　我和方遠先生相識的時間很短，才一年有餘，我們不僅不是同世代的，我們也不是同住在「一個」社會的，他在臺灣，而我在北京。但是，我對方遠的感覺，猶是「似曾相識」的「忘年交」。

　　我說，我和方遠不住在同「一個」社會。然而，我對臺灣的情況，還是熟悉的。我從小在臺灣出生長大，直到大學畢業，當完了兵，才在四十一年前赴美國留學。而留學後，我就來到大陸的北京，在科學院和清華大學工作至今。離開臺灣那麼多年，我對家鄉的情況難免生疏，只是由於近年兩岸往來的開通，使我能夠「溫故知新」，對臺灣才又熟悉起來。然而，不可否認的是，四十年來，臺灣的世代輪替，今天臺灣的年輕人和我們那個世代的年輕人在生活的環境、思維的方式、關心議題的方面，確實有著很大的不同。這本不足為奇的，因為社會是在演變的，不同的時、空條件，人們自然有著不同的意識。這在大陸，乃至美國，也是一樣的。

　　如此說法，可能也把一個社會歷史的演變太簡單化了，缺少了對一個社會歷史傳承的分析，缺少了對一個社會歷史脈搏的觀察。我們那一代的青年時期生活在所謂的「威權的時代」，現在的臺灣年輕人，可能對之已感陌生。我們那一代的青年時期生活在兩岸對

峙，兩岸隔絕的環境中。我們那一代的青年時期生活在一切，以美國為首、為標誌的氛圍中。我們那一代的年輕人的心理狀態是：在內（島內）受壓制（不論有意識，還是無意識），在外（美國）也缺少自我的意識。只是，我們那一代青年中，還是有一群能抓住歷史的機緣，在留學美國的時期，能大聲對「威權」說不，能對隔絕的兩岸關係說不，也敢於對一切以美國為首的意識形態說不。我們中的一些人敢於起來反對「威權」的統治，一些人敢於衝破阻絕來到大陸，一些人勇於對一切以美國為首的意識，重新做出審思。這一切的一切，真是一場波瀾壯闊的思想大解放！

四十年後的臺灣，沒有了「威權」的統治，沒有了思想的壓制，兩岸關係已經互通有無，並且美國在世界、臺灣的影響力，也大幅衰退。這一切，豈不是說，臺灣已是一個自由的天地了！然而，我們也冷酷地看到，生活在無拘無束、自由自在地方的人們，未必然就一定能具有開放的思想，能具有勇於探索周遭世界的胸懷。這二者，不是一回事，不具有必然的聯繫。臺灣的社會似乎就是如此的寫照。

然而，這個世界不會是萬事萬物均一致的，每個時代的芸芸眾生中，總有一些不一般的人，勇於說出不一般見識來，勇於做出不一般的事情。四十年前，我們的那個世代有這樣不一般的青年人，今天在臺灣，也一樣具有如此不一般胸懷的年輕人，敢於說出不一般見識來，敢於做出不一般的事情。這也就是我說的，方遠先生對我來說是「似曾相識」的原因所在。

方遠先生正將他這些年的所寫出版專輯——《我們的歌是青春的火燄》，我很高興為之寫序，並且就他的所思、所寫表達我的這些

發自肺腑的感受和評價。我相信，一個具有不一般見識的年輕人，
也一定能在未來，做出更不一般的事情，成就更不一般的事業來。

2012年6月

《保釣風雲》序言

　　謝善驍先生雖然是大陸人，但熱衷於和早期（60至70年代）臺灣留學海外（主要是美國）學界人士的聯繫。據先生自己說，是有感於這批臺灣海外留學生的愛國熱忱，尤其是有感於他們在70年代所發動的「保釣、統一運動」。早在1996年，謝先生和王凡先生就曾撰寫了一本紀實文學作品《保衛釣魚島》，書中闡述了海外保釣運動的由來和延續（香港中華文化出版公司出版）。當時，我就為先生的情操所感動。據我所知，對於海外臺灣留學生的這段歷史，由於種種原因，不要說在大陸，在港臺也是鮮有人知，真是段被遺落的歷史了。

　　今年（2012年）1月，謝先生冒著北京的嚴寒到清華園來拜訪我，說他正在撰寫一本《保釣風雲》的史實記錄，希望更多的海內外國人，能不忘卻那段歷史。我為先生的耿耿於懷那段不應該被忘卻的歷史，而動情。那天，我們談了很多，特別是談到了中國的崛起，海峽兩岸的未來，中國的最終統一，等等。我於是感到，在2012年的這個時候，在釣魚臺列嶼又為日人所覬覦日緊的今天，先生的這本《保釣風雲》的撰寫出版，就更為及時和富有意義了。當天，我也不辭為先生的這本著作撰寫序言。

現在，謝先生的這本《保釣風雲》已完稿，作為那段歷史的過來人，我也就此談幾點個人所感，所認識的，以為這書的附庸。

誠然，70年代發生在海外、臺灣的「保釣運動」在臺灣的歷史過程中，有其一定的地位。海外臺灣留學生的保釣運動以及其後的「中國統一運動」則更為風起雲湧。這個運動激盪著那一代的留學生，而運動的內容除了保衛中國領土「釣魚臺列嶼」外，更延伸包括了反對「臺灣獨立」、「兩個中國」、「一中一臺」。而運動的深層次的內涵則包括有，重新架起自1949年以來隔絕的海峽兩岸的往來，重新認識共產黨領導下的新中國，以及關心、支援臺灣當時政局的變動，乃及第三世界以「反帝」為主軸的鬥爭，等等。這個運動的時間長，前後有十年多，參加的人數也多，影響也深遠。

四十年後，我們再來看這段歷史，就更為明晰了。這段歷史實是臺灣歷史的一個重要組成部分，也是兩岸關係歷史的一個重要組成部分，同時，它應也是中國近代歷史的一個重要的組成部分。我們要從這樣的歷史高度來看待、來保存、來研究這段歷史。這樣，我們就站在了歷史的制高點。

以史為鑑。在今天的臺灣，這段歷史有意無意地被遺忘，被拋棄。而在大陸，也沒有得到充分的認識。 兩岸的形勢雖然經過了四十年的變換，但是，這段歷史至今仍對我們有所啟迪的：

首先，這段歷史反映著臺灣學生崇高的愛國主義精神，他們具有正義感，勇於捍衛領土。

這段歷史反映著臺灣當時年輕的一代，敢於走在時代的前沿，勇於（不顧個人安危）突破人為阻絕兩岸的藩籬，重新架起兩岸的聯繫紐帶，開啟了兩岸相互認識、往來的管道，更為難得的，他們

走在歷史的前沿，義無反顧地支援新中國的立場，這是破天荒的歷史勇氣。而周恩來總理對兩岸隔絕二十二年後（1971年），首次來自臺灣的海外留學生的徹夜談話也是兩岸關係的重要歷史事件。我們應高度評價它的歷史意義。我們應看到，兩岸關係的「破冰者」、「開拓者」正是臺灣70年代的海外留學生。四十年前，保釣留學生們力主兩岸的開通往來，力主臺灣「威權統治」的必須改變，都已為歷史所證明。而他們所力主的中國統一，雖然尚未實現，但也有了曙光。今天，國共已經和解，有了共同的願景。臺灣也已逐步走上了以大陸為依託的，兩岸共同發展的和平局面。歷史說明，保釣學生們是站在了歷史的軌跡上的，他們的個人或許會被遺忘，但是他們所揭櫫的主張不僅沒有被歷史所淘汰，反而為歷史所證明！

這段歷史也反映著臺灣年輕的一代對祖國大陸，既陌生、疑惑又熟悉，渴求認識、瞭解，難以割捨的一種心態。我們應可看到，這個歷史的情節至今在臺灣並沒有本質的變化。對這段歷史的深入瞭解、研究，無疑地，啟示著我們今後如何加強兩岸關係的進一步開展。

70年代的臺灣正醞釀著社會、政治的大變化。這段歷史反映著，保釣學生們對臺灣社會、政治等領域有著相當深入的剖析，並且和當時島內的變局有所聯繫，乃至有所影響。這些對於我們瞭解今日臺灣的各種情況，仍然有著重要的參考價值。

可喜的是，這段快被遺忘的歷史，近來得到了很多有心人士的關注，情況有了很大的變化。70年代的這場海外臺灣留學生的運動留下了大量的刊物等資料文獻。自2006年以來，兩岸清華大學都對此運動的所遺刊物文獻，不遺餘力地進行了收藏，形成規模，成績

巍然可觀。同時還對當事人做了口述（北京清華所做的口述人數有七十多人）。北京清華大學圖書館還成立了「保釣資料收藏研究中心」。

　　隨著對這個運動所遺刊物、文獻的收藏初步告成之際，現在應該是我們從歷史的視角來認識、來研究這個運動的時候了。研究這段歷史的目的也很明確，就是，保存歷史，以史為鑑，以為兩岸關係的和平發展和統一助力。

　　我們對這段歷史的重視、保存、研究和宣傳，可以讓兩岸三地的同胞有機會更深層次地瞭解四十年前那段難忘的歷史，瞭解歷史上臺灣青年的愛鄉、愛土的愛國精神，知往鑑今，找回彌足珍貴的歷史記憶。我想不論人們的立場如何，面對史實，必有所知曉、有所感悟、有所感召；而對於我們能珍惜和保存，這段由海外臺灣留學生所創造的歷史，也必有所感動。

　　無疑地，謝善驍先生的這本《保釣風雲》，也正起著對這段歷史的保存、宣傳的作用。我對謝先生的這個義舉，致以發自肺腑的感佩。我也相信，讀者們在閱讀完這本《保釣風雲》後，也能和我一樣，對謝先生的執著，有著同樣的，來自我們兩岸共同歷史的興發和感動。

　　是為序。

2012年11月

談70年代海外臺灣留學生
保釣時期的思想啟蒙

近來，對於70年代海外臺灣留學生的保釣運動，感興趣者日多。箇中原因很多，主要還是2012年日本政府「國有化」釣魚臺，所引起的大陸的強力反彈有關。其實，70年代海外臺灣留學生的保釣運動，固然，保疆衛土是主要的形式，但是，其內涵則不止於此。我以為更多的還是思想上的大啟蒙、大解放，從在臺灣所受教育的禁錮中，來了個大開放。

臺灣威權時期（其實就是二蔣統治的時期）的教育，很大程度（不是全面否定）是把人們的思維能力給糟蹋了。在那個時期，「五四運動」以後的不少圖書、思想，均遭禁止。所以，那個時期教育出來的很多人，誇張地說，除了少數人有自己的深思外，多數人即使有所意識到，乃至不滿的，更多的則是「後知後覺」，乃至「不知不覺」了。這個統治時期思想禁錮的後遺症是難以估量的，乃至多年後，臺灣社會目前所遇到的一些問題，仍可看到它的影響力。人們不禁要問，在美國，不是很開放，什麼東西都有、都可以看嗎？這個固然不錯，但美國社會，從某個角度、層面和領域言，也不是那麼開放的，反而是相當閉塞的（至少比起歐洲）。它的輿論導向就掌握在幾個大的財團的手中。遠的不說，為何有那麼多美國人

支持去打伊拉克（還有阿富汗），說是那裡有大規模殺傷性武器？
結果，證明是一個大烏龍（其實也不是大烏龍，美國發動戰爭的目
的，也不僅在此）。可是，事前，美國政府把它說得活神活現，輿
論千篇，讓人難以不信。斯諾登（Snowden）揭發出來的美國的大監
控系統，其來有自，也不是今天才有的，只是今天有了網路這個現
代化的工具而已。所以，話說回來，當時很多臺灣留學生到了很開
放的美國，還是逃脫不了從小在臺灣所受「黨八股」教育的桎梏，
自己的思維還是老樣子。有言：在一個開放的社會，人們的思想也
不見得會一樣開放。誠然，社會的開放和個人思維是否也開放，是
兩個不同層次的問題，二者未必有邏輯上的必然聯繫。依此，我們
一樣可以看到，今天臺灣的社會是很開放了，但是，你稍微注意一
下，就不難看到，臺灣很多人對世事，對外面世界的瞭解，還是很
侷限，很閉塞的。（前段時候，臺灣的一些人還在呼籲應該讓有深
度報導時事的大陸電視臺落地臺灣。）當然，我們不是在責難這些
個別的人，而是說他所處的環境，造成了使得他如此閉塞、侷限的
環境。而這些林林總總的根源，就不能不說到，和臺灣早期在威權
時期所留下的思想的禁錮有關。這個思想上的禁錮，固然現在越來
越多的人是看到了，但是問題是看到了，不等於說，馬上就能把整
個社會的這個弊病給改變掉。這個思想的禁錮，打個比方，就如戴
在孫悟空頭上的那個緊箍咒，孫悟空是永遠反不了唐三藏，觀音菩
薩的，因為，孫悟空的思維永遠受制於那個緊箍咒。所以，我們看
到，很多那個時期的留學生在臺灣是什麼樣的思維，到了美國後，
過了幾年的留學生活，回到臺灣，還是老樣子。甚者，有些人，就
是在美國住了一輩子，也還是滿腦子禁錮在臺灣所受的那個禁錮的

思想，完全沒有改變。所以我們說，思想的改變，世界觀的改變，是一個痛苦的過程。誇張地說，要改變一個人的思想認識也幾乎是不可能的，除非他個人有這個要求「改變」的能動性、驅動力。總之，我通過那個時期保釣運動的歷程，深深感覺到這點，並且深深感覺到，只有年輕人才是推動社會新思維的主力軍。70年代海外臺灣留學生在推動那個時期（在臺灣，就是「黨外運動」的時期）臺灣社會的思潮改變是起到了很大的作用的。

我說這些是有憑據的。70年代海外臺灣留學生的這些事蹟，保存在那個時期，他們在各個校園中所辦的各種雜誌上。而這些可貴的歷史遺存，經過這些年，這些朋友的大力努力，基本都保存下來了。現在臺灣新竹和北京的清華大學都有保存，但是應當說，北京清華保存的可能更多、更全面。對於這段可貴的歷史遺存，我想，即便目前一時做不到，但最終會有有心人，將之整理發掘出來，從而展現這段歷史時期，對於臺灣社會政治思潮的變化，是起到了多麼有力的推動！歷史的史實是很重要，也容易為人們所認識。但是歷史的意義，特別是思想、思潮方面的，可能不是很多人能看到、理解到的，然而，這個也更為重要，影響也更為深遠。

70年代，海外臺灣留學生的「保釣運動」的意義，我想更多的是在於：讓那一代的人有了思想的啟蒙和覺醒，這對於臺灣後來在80、90年代的變化，具有指標性的意義。我們不宜以釣魚臺保衛的「成敗」，來論「保釣運動」的成敗。

2014年1月

世

事

篇

訪胡適、陳獨秀、于右任故居有感

　　1911年辛亥革命雖然推翻了清王朝，但腐朽的舊勢力仍然盤踞在中國的土地上，袁世凱、張勳的復辟激起了國人的反抗。1919年爆發的五四運動，標誌著中國的歷史翻開了新的一頁。五四運動發生後的一年裡，各種刊物就達四百餘種，其中傾向於社會主義、馬克思主義的，就達兩百餘種，成為新文化的主力軍，而各種探討改造中國的團體也多達三百餘個。我們看那個時代蓬勃發展的思潮，各種學生刊物和組織林立，和70年代，發生在美國的，以臺灣留學生為主體的「保釣運動」，倒是有幾分相像。難怪，從五四運動過來的周恩來就說「保釣運動」是海外的五四運動。在這個新時代的開端裡，新時代的人物也冒出了歷史的舞臺，如陳獨秀、胡適、毛澤東、周恩來等，而從舊時代走過來的人物，也有不少，如蔣介石、朱德、董必武等（就簡單提及幾個，姑且這樣分類）。20年代初期，大家在孫中山的領導下，走到了一起，這就是國共的第一次合作，以打倒割據的軍閥，統一中國為目標的黃埔軍校的北伐，於焉展開。

　　我們現在來看民國的歷史（1949年以前），似乎有個印象，國民黨是國民黨，共產黨是共產黨，二者涇渭分明，水火不容。這其

實不是歷史的事實。我在這段時間裡，有機會參觀了臺北（南港）的胡適紀念館，重慶（江津）的陳獨秀故居以及陝西（三原）的于右任紀念館，作為業餘的歷史愛好者，就得到這樣的印象。

在臺北的胡適紀念館，我買到了胡適講演集三冊。其中，胡適就特別誇獎他在北大時的同仁，陳獨秀這個中共早期的關鍵人物。在陳獨秀故居，我也看到了這樣的記載：戴季陶、胡漢民、朱執信是中國的第一批馬克思主義者。大家知道，這三位還是國民黨的元老呢。在于右任紀念館也有這樣的記載：中國國民黨第一屆中央委員會，上海執行部下設的組織部，部長胡漢民，祕書毛澤東；工人農民部，部長于右任，祕書邵力子；工人運動委員會，主任于右任，祕書李立三、楊之華。20年代著名的上海大學的校長是于右任，瞿秋白為主任。李立三和瞿秋白都是中共早期的重要領導人物。

1927年的國共分裂是近代中國歷史的轉捩點，蔣介石不僅屠殺了成千上萬的共產黨人，也屠殺了國民黨內和他不是同一個派別的所謂左派人士。這就逼得共產黨自己拿起武器來保護自己，並且從此不再相信蔣介石。蔣介石的這個「清黨」也埋下了他在1949年失敗的種子，因為，一些有正義感的、有能力的國民黨人，被殺的被殺，離開的離開。所以，有歷史學者說，是蔣介石毀了孫中山的國民黨。這樣的說法是有依據的，不無道理。

我看臺北的胡適紀念館對於胡適在五四運動中的角色說明，相當不足。我買的胡適講演集三冊，倒是把他對於白話文運動的貢獻，說得很清晰。陳獨秀由於複雜的原因，領導中共失敗，後被共產黨開除，抗戰期間還被蔣介石關了五年。出獄後，他就隱居在江津，直到1942年去世。陳獨秀（和瞿秋白一樣）是個有骨氣的人，

他的兩個孩子還被國民黨殺害。陝西三原于右任的故鄉人對他不薄，給他設立了紀念館，保存了故居，還以他的名義舉辦了國際性的書法比賽，書法展。于右任的草書自有其歷史地位，而他所創立的標準草書體，也有其公論。

　　于右任、胡適在臺灣可謂人盡皆知，但是對於他們的歷史，特別是早期的歷史，人們所知就很少了，這當然是受制於臺灣過去乃至現在的政治氛圍。于右任和孫科（孫中山的兒子）曾在1935年聲援中共提出的「八一宣言」，主張一致對外，共同抗日。抗戰勝利後，于右任主張國共和談，他原本擬到北平參與和談的，但沒去成，就到了臺灣。這些人到了臺灣，也都沒有了聲音，其情可諒。記得我讀建國中學的時候，有位很有名的教三民主義的老師叫任卓宣。我後來從北京坊間出版的歷史圖書中，才知道（那時，還不比現在有網路可以查資訊），原來，他還是20年代活躍的共產黨人。任卓宣曾去過莫斯科的中山大學，以後被國民黨逮捕了，被槍斃沒死，而奇蹟般地活了下來。自此以後，他就轉入了蔣介石的國民黨的陣營。

　　民國年間，特別是早期，國共之間的關係，相當複雜，可謂水乳交融。一家之中，父子、母女之間，各屬一派、　黨的，也很多。于右任的女兒就是共產黨的。民國年間是中國近代社會的大發展、大轉型期。各種勢力、思潮互相有鬥爭，又有融合，萬象精彩，值得我們重新去認識、去發掘。只是目前兩岸教育下的民國史觀都很偏頗，都圖騰化了。歷史的實情不是這樣的。

2011年10月

訪問珍寶島

　　今年（2011年）7月，我有機會去了東北黑龍江的雞西。雞西的最東南邊就是興凱湖。該湖是中俄的交界所在，湖的北部分為中國所有，占全湖的四分之一。興凱湖是烏蘇里江的源頭。烏蘇里江由此往北流，以江的中心線為界，為中俄所共有。我們在興凱湖邊所見，除了一些水草外，便是浩瀚的湖泊，一望無際。因為該地是在邊界，冬天很冷，又遠離城市，所以即便是夏季，遊客也很稀少。

　　距離興凱湖不遠（約百來公里）的烏蘇里江邊，中方的一側，有個很小的沙洲島嶼，因其形如元寶，故稱珍寶島。在1969年，這裡發生了一場中蘇之戰。從現在戰爭的規模講，應不是大的戰爭，而其所處的地理位置，也不是所謂的全球熱點所在。然而，那場戰爭，卻誘發、觸動了全球政治格局的變動。年齡稍大的人們，至今，對這場戰爭，應還都記憶猶新。

　　大家知道，從50年代後期開始，中蘇之間，由於各種原因，矛盾逐步升級。到了60年代末期，矛盾激發到了白熱化的地步，珍寶島便成了一個觸發點。1967年初至1969年3月，蘇軍就多次入侵珍寶島。因為，冬天時，烏蘇里江是冰封的，所以人員車輛，可以如履平地，很容易在邊境上，來往四竄。從我這次在該處聽到的

164

說法是，中方對此早有設計，採用所謂的「請君入甕」的戰法，結果在3月2日、15日、17日的戰役中，打死了蘇軍的一個上校邊防總隊長，摧毀坦克、裝甲車十七輛，俄軍死傷二百五十多人，並繳獲多種軍用物資。中方也有六十八人員陣亡。蘇軍的氣焰一下就給打了下去。中方贏得了戰場上的勝利。

當時，中國處於文革的階段，這個捷報得到了空前的宣傳效應，毛澤東、林彪和周恩來等還在北京接見了珍寶島戰場的戰鬥英雄，可見一斑。從現在事隔多年後來看，或許如此的宣傳有其政治上的設計，那就是，中方明白地向世界，主要是向美國說明，中蘇之間是水火不容的。當時，美國正陷越戰的泥潭中，欲退而不得。這樣，美國就看到了它和中國和解的可能性，或說是明白了中方的意圖——和美國解凍自1949年以來的敵對隔閡狀態。如果，從這樣的角度來看待，則中方的謀略是成功的。很快，1971年的夏天，美國總統的特使Kissinger就來到北京，而隔年，美國總統就訪問了北京。以這個事件為開端，整個70年代，中國在國際外交取得了全面的推進，而臺灣的國際空間也自此大大地坍塌了。

因為這樣的歷史背景，使得珍寶島具有獨特的歷史意義。現在的珍寶島乃屬中國軍方的要地。一般遊客，不能上島，只能在烏蘇里江邊遠眺珍寶島。我們經當地政府部門的聯繫安排，登上了珍寶島，島上官兵不足百人，營房的建設也很新穎、舒適。島上，還保留有60、70年代簡陋的營房，作為參觀點。同時，還把70年代的營房改造為紀念館，展示了當年戰爭的來龍去脈。看來，慕珍寶島之名，來此參觀的人士還是不少的。時間已經過去了四十多年，當年的戰場硝煙已經褪去，當年戰士犧牲所在的一棵小樹，如今已經

長大，幹粗葉茂。然而，在一些地方，我們還是看到「雷區勿入」的字牌。聽戰士們說，這些當年的地雷，很難完全清除，因為，隨著水流，地雷還會流動的。聽戰士們還說一件有趣的事情：前幾年，對面俄方的長官就是當年被中方打死的上校的兒子，也因此，這個俄方長官老和中方採取不合作的態度。現在，中俄之間，已經相安無事，邊界也都劃定了。這個不合作的長官後來就被調走了。

我們所見，沿著烏蘇里江，中國境內城鎮的建設都在加緊步伐，反倒俄方對岸，全然杳無人煙。西伯利亞的人口稀少，近幾年，大陸內地去了不少人，還包了不少地方，種植各種蔬菜，特別是番茄，俄羅斯人的菜湯離不開它。

2011年12月

關於朝鮮戰爭

朝鮮戰爭(臺灣稱為韓戰)發生在1950年的下半年，至今已有六十年了。當時的參與(戰)者，也幾乎都凋零了。然而，這場戰爭對於半世紀以來的中國、海峽的兩岸以及朝鮮半島今天的局勢仍影響深遠。也因此，近來透過電視、網路，很多人也在回顧、探討這場戰爭。

現在的一種說法是，發動戰爭的是金日成。這個可能性固然不能排除，但也不能說，如果他不發動這場戰爭，中國就可以安枕無憂了。這個假定無法證明。但二次大戰後的歷史說明，美國不甘心於它失去大陸這個地盤，這才是根本。60、70年代的越戰就說明這點了。就是說，即使沒有朝鮮戰爭，越戰也是不能避免的。這兩場戰爭的根本是中美兩國的軍事較量。朝鮮戰爭，中國是直接參戰了，而越戰中國或只能說是「間接」的參戰。

當美軍從仁川登陸成功，順利往北方挺進，越過38度線時，周恩來就透過印度，向美方說明，中國不能無視美軍進抵鴨綠江邊。當時，麥克亞瑟憑藉美軍的實力，根本不把中國看在眼裡。他也沒料到中國的「農民部隊」(他就這麼稱呼中國的軍隊)會出兵。等到美軍發現中國的志願兵時，他們已被彭德懷的部隊所分割、包

圍，斷了退路，面臨被殲滅的危險。當時的美軍是機械化的，並且掌握了制空權，而中國志願軍從武器、裝備、到後勤都相差很遠。長津湖戰役，如果不是在這種極度反差的條件下，美軍恐怕就滅頂了。兩軍後來在38度線附近形成拉鋸戰，著名的上甘嶺之仗，美軍也沒取得戰果。最後，雙方打成平手，不能再戰了，只得簽訂停戰的協議。這一戰，雙方的損失都很慘烈，而中國志願軍的損失更大，很多的不僅是戰死，並且是凍死（那年朝鮮半島的氣溫特別低）。美國人曾非常吃驚地發現，整連的中國軍隊為了埋伏，居然被凍死了，而沒有出現潰逃或自亂陣腳的。朝鮮戰爭對以後中美關係的發展產生深遠的影響，一個才剛成立政權的國家，居然能和世界一流的強國，打成平手！而之所以有這樣的戰果，中國人真的就靠著一股「不怕死」的精神。朝鮮戰爭、越戰，中國人固然損失很重。但是，沒有這兩場戰爭，我們現在後來的人，今天大約是不能如此安枕的。我們不應苛責毛澤東，在和美國人較量這點上，現代的中國人應該感激他的。

美國人對戰爭也有反思的。但問題是反思什麼？他們反思的是他們的人死了多少（不該死那麼多）、損失了多少，而不是反思對方死了多少人、毀壞了多少環境（越戰時，美軍大量破壞越南環境），美國人的命才值錢。伊拉克戰爭就是這樣，布希一句話說是「打錯了戰爭」。不知道那些無辜的老百姓的冤魂如何能超脫？真是「撒向人間都是怨」。

第二次大戰後，美國就一直沒有停止過戰爭。美國對外發動戰爭，還得再打下去，雖然每次打後，總不缺高官出來說，打錯了！他們怎會打錯呢？他們只會顧及打得順不順，成不成而已，與他們

事先想的一樣與否而已。如果他們打贏，就不會這樣說了。只是，它是吸取了教訓，不敢和中國再硬打了。

美國真有很多人（不是個別，而是占多數）相信他們是在為維護世界的自由、和平和正義而戰的。至今，還有很多人相信他們可以打朝鮮、越南……，因為它們都是邪惡的。和美國不一樣的，都是落伍的，有問題的。這真是可怕的宣傳！！

一個問題：一個高喊和平，嗓門最大的國家，它的軍工、武器的出口全世界第一（發戰爭財，勸人打架，比第二位的俄羅斯高出很多，不成比例。）並在全世界到處駐軍（說是保衛和平！）。這不是絕大的諷刺嗎?! 美國是不能讓世界和平的。世界不打仗了，美國的軍火商就得喝西北風。而這些軍火商就控制著美國的政策，控制著戰爭的發動權。

朝鮮戰爭，美國當時是打著聯合國的旗號打的。雖然參戰國家不少，但多是些小國，像英國等，參戰的人數都不多。大陸入聯合國後（1971年），就要求聯大把那些說中國是「侵略」的文檔，都刪去。

當然，不論正義與否？戰爭是殘酷的。同樣的，世界沒有無緣無故的戰爭，一如沒有無緣無故的恨與愛。

2012年1月

關於美元

　　美元所以會成為國際上的共同貿易支付單元，有複雜的歷史原因。這關係到二十世紀，英國勢力逐步從全球衰退後，（包括二戰後的歷史過程），美國取而代之的過程。自然，這和美國的強勢有關，它的GDP全球第一，科技也最強。

　　但，不可否認的是，美國憑藉經濟和武力，通過不平等的交換，在「剝削」全球其他的國家。例如，它從外面購買便宜的石油，出售昂貴的武器。它的軍售，世界第一。世界上，最會喊和平的是它，而最大的軍售國家也是它。為了出售武器，它就需要在世界上，利用矛盾，製造矛盾，坐收漁人之利。如向中東的以色列──阿拉伯國家，印度──巴基斯坦，出售武器。這也是世界上很多地方不得安寧的原因。控制美國政府的財團，主要就是石油，軍火財團。沒它們的支持，總統是選不上的。這就是人們說它是「帝國主義」的原因。而在十九世紀，這主要是英國、法國等西歐老牌殖民、帝國主義國家。

　　但自越戰以後，美元（美國）的地位逐漸受到挑戰，在1973年，Nixon時，美元曾貶值14%（當時，我在美國念書，記憶猶新）。早先，美元和黃金掛鉤，所以稱為美金。後來美元勢弱了，才和黃金

脫鉤的。另外，美國為了維護美元的地位，如強制要求臺幣、日元升值（等於它的貶值），這樣就等於：它在印鈔票（印紙幣，不需要本錢，無本生意），來享受別人的勞動成果。想想，60到70年代，臺灣人通過出口貿易，辛苦賺得的錢（美元），被它一貶，豈不等於白幹了活？這些財富是不會消失的，它轉到美國人手中了。美國要求別人的貨幣升值是它常用的手法。現在，它也故技重施，要求人民幣升值27％。如依美國人的如意算盤，等於中國千萬打工仔的「血汗錢」都被它吸走了。中國近年外貿發達，外匯達二萬多億美元，其中不少就購買了美國政府發行的公債。它的公債要上百年才還得完（舉新債，還舊債，等於不用還，白白拿別人的錢）。

美國打伊拉克的原因，「反恐」只是它的藉口。原因很多，其中之一，就是，伊拉克（Sadam）提議OPEC（石油輸出國組織）不以美元為計算單位，這就擊中美國的要害。現在，伊朗也在提這個主意，石油的結算要以歐元（或其他以貨易貨的方式）取代美元。美國就想好了，要治治它，就是沒找到下手的機會。所以美國和它的矛盾也很尖銳，當然，「核」的問題也是矛盾的一方面（這些因素糾纏在一起）。

所以，我們看得很清楚，美國的霸權就靠著兩樣東西來支撐：美元和航空母艦（就是軍事的力量）。

現在，經過金融危機，中國提出建立國際經濟新秩序，提議建立新的國際支付單位，說白了，就是逐步取消美元在全世界的壟斷地位，這就點到美國的「死穴」。現在美國被逼說會保持美元堅挺，那美國就得好好保持美元的堅挺，不讓中國吃虧。如果，美國辦不到，則中國有言在先，就不怪中國了。天下的好事、壞事是變換著

的。沒有這次金融危機，沒有中國操持這麼多美元外匯，中國還沒這個「天賜良機」呢！當然，中國的萬事說到底只能靠自己。

中國準備在上海開始和一些特定的貿易對象（國家）以人民幣來結算。我料這個局面，也就是人民幣國際化的步伐，會加速做起來。

2012年4月

關於對日抗戰

朋友發來這個網站http://video.sina.com.cn/v/b/50421329-1490972387.html的信息：這部片子是美國人拍的中國抗戰記錄片，很是精彩！

這片子，我一看，就感似曾相識。等聽到片中的一段音樂（應是貝多芬的，年少時，記憶力好，聽得的特別感動的樂曲，至今尚能記得），就讓我確認了一段往事：1965年，抗戰勝利二十周年時，在臺灣曾放過一部叫《中國之怒吼》的片子，該片很多就是取材自這個紀錄片的。我當時是高中二年級的學生，學校都組織同學們看這片子，印象很深刻。說印象很深刻有幾個原因，第一是，蔣介石雖然說是要「反攻大陸」，但是，那時，在臺灣絕少有關於大陸的風光照片（以後瞭解，可能的原因是不願觸動大陸去臺人員的思鄉之情）。那時，我們小孩是第一次從這片子中，看到那麼多的大陸風光，包括長城、黃河、長江。第二個原因是，這也是我第一次聽到〈義勇軍進行曲〉（片段）。

關於蔣介石的抗戰態度，大陸說他不抗戰（至少過去這樣說）。1997年元宵那天，我在北京廠甸的舊書店，買得一本抗戰時期，國民黨黨部出版的，關於蔣介石的言論集一書（文告、文稿）。能買得

這書是很稀罕的吧！我仔細讀了書中關於蔣的言論，我覺得這樣的說法應比較準確：抗戰初期（盧溝橋事變前），面對國民黨內外，不少人批評他不抗戰。蔣的反駁是：中國太弱了，不能和日本打，一打肯定是要敗的。所以他不和日本開戰。

這書名：《抗戰建國方針》，有憲兵司令部識的序言，落款時間是（民國）27年5月14日。序言云：「則今後果欲達到救國救世界之目的，果欲獲取最後之勝利，除信賴唯一之三民主義，唯一之國民政府，唯一之領袖蔣委員長而外別無他途。」「爰輯領袖及政府當局前後發表之抗戰建國文獻，集為斯冊，用使國人為有系統之瞭解，愈堅其抗戰建國之信心，且藉以掃蕩不經之謬論，進而杜絕其根源也。」

該書有〈委員長23年7月對盧山軍官訓練團之訓話〉一文，標題是「抵禦外侮與復興民族」。蔣說：「我們抵抗敵人的條件，有沒有完備呢？……一點沒有！……我可以斷言，現在如果我們和日本打仗，……，不待敵人來打我們，我們國內就要內亂……前年我在『一二八』以前，曾發表一篇文章，引總理的話，告訴我們一般國民說，全國同胞要知道，如果我們中國沒有得到時機，貿然和日本開戰，日本可在十天之內完全占領我們中國的一切重要地區，就可以滅亡我們中國！……後來一般反對派說這話是我講的，就說我是怕日本人，不敢同日本人宣戰。這句話究竟是我說的或是總理說的自然有總理的遺著可以證明，反動派儘管幫助敵人來攻擊本國政府，我們亦不必去計較，但是，我們要研究總理何以說，日本十天之內可以滅亡我們中國呢？因為我們中國沒有現代作戰的條件，不夠和現代國家的軍隊作戰，如果不待時而動，貿然作戰，那只有敗亡而

已！不僅是十天之內，三天之內他就可以把我們中國所有沿江沿海的地方都占領起來……。」

這樣看來是很明顯和確切的，在盧溝橋事變前，蔣是反對對日宣戰的，原因也很明顯，蔣認為中國太弱，打不過日本，打仗肯定要敗亡的。這至少是他在盧溝橋事變前的態度。那時，日本已占領東北，華北已在日本的掌控中。全國輿論要救亡圖存，西安事變不難理解，也就因此發生了。張學良、楊虎城兵諫蔣，要他停止內戰，對日抗戰。

關於戰爭的勝負問題，是很複雜的，不能純精神論，也不能唯武器論。蔣介石的這個看法和毛澤東的看法就很不一樣（見《毛澤東選集》）。岳飛有句話：「文官不貪財，武官不惜死，則天下太平矣。」確實如此！

2013年11月

知恥近乎勇

　　今年是中國甲午戰敗一百二十年祭。為此大陸不少場合均有紀念「甲午之恥」的各種活動。《參考消息》自年初，即推出由軍事專家書寫的「軍事名家的甲午殤思」系列文章。年中，又再推出「學術名家的甲午鏡鑑」系列文章。這些專欄論著，從軍事、社會、文化、歷史等等方面，都深刻地介紹、探討、反思了當時中日兩國的情況和差別。所謂「知恥近乎勇」，能勇於揭露、反思過往歷史之恥，以為今者戒，是健康、明智和理性的心態。《參考消息》的這些系列文章在社會上也引起了反響，起到了所謂「正能量」的教育作用。

　　在這些文章中，我特別留意到中國社會科學院近代史研究所雷頤先生所寫關於〈甲午之敗與中國首次現代化轉型〉中，所提的一件事情（我截簡壓縮了他的所寫）：

　　早在1887年，曾以參贊身分出使日本的黃遵憲就完成了《日本國志》。黃遵憲坦承，寫作動機是有感於日本對中國的瞭解比中國對日本的瞭解多得多。此書四十卷，約五十萬言，從各個角度深入系統地研究了日本的歷史和現狀。該書詳細記述了明治維新的過程。黃遵憲寫此書，明確希望中國也學習日本實行

變法。然而,這書卻未能及時得到出版。直到1895年秋冬,
才由廣州的民間書局刊印。此書一出版,立刻風行天下。然
而,時機不等人,這時中國已甲午戰敗,《馬關條約》已簽訂
了。甲午戰前,中國朝野對日本的瞭解仍停留在「天朝上國」、
「嚴夷夏之防」的心態,對於外部世界深閉固拒,與明確提出
「求知識於世界」的日本明治維新形成鮮明對照。甲午戰敗後,
維新派如康有為、梁啟超等沒有僅僅停留在對敵人的譴責,而
是冷靜地提醒人們看到敵人的長處,提出要向敵人學習,確實
難能可貴。這既需要高人一籌的見識,也需要過人的勇氣。梁
啟超說:今夫所謂愛國之士,苟其事有利於國者,則雖敗己之
身,裂己之名,尤當為之。這種理性、負責的對國家、社會之
愛,才是值得提倡的愛國主義。

我非常同意雷頤先生的這些觀點。

　　甲午戰敗以及《馬關條約》,中國被迫割讓臺灣給了日本。這段
悲慘的歷史後果,今天在臺灣顯然還不是歷史的過往,還深深地影
響著臺灣,乃至兩岸關係。這個事情,說起來就很複雜了,不是三
言兩語可以道盡的。白然,也有很多人,就此話題,進行了很深刻
的分析。

　　我父親那一輩人,大都在上個世紀初期出生的,那時,日本對
臺灣的軍事鎮壓已經接近尾聲。起而代之的是和平的時期。他們那
一代人受的是很完整的日本教育。殖民教育重視掃除文盲,普及市
民階層的基本教育,以培養合格的勞動者,但是卻壓制殖民地人民
接受高等教育的機會,當然,殖民教育也壓制、防範被殖民地區人

們被殖民意識的覺醒。這些現象在世界各地，被殖民過的地區，均明顯可見。香港回歸前的教育，也是如此。70、80年代的香港，各個方面已然相當發達，初級、中級教育已很完整，但是大學也就只有區區幾所，和大陸沿海地區，和臺灣相比，就相差太遠了。這似乎和其發達的經濟反差太大，令人難以置信，然其本質就是殖民地教育的本質所致。香港至今還有人做著「大英帝國子民」的夢，其本質也是如此——被殖民意識的迴光返照。

　　確實，我們上一代人在日據時期，接受的是很嚴格的「基本教育」。我父親雖然只有相當於現在中專的學歷，但他做事嚴謹，有條不亂，事事清楚，這些也從小影響了我。從小，父親就和我說，你到一個地方住，走的時候，房間要注意收拾一下，不要亂成「狗窩」，狗拉屎後，還知道把土給蓋了，才走呢。不要想著反正後面有服務員來收拾。我父親說，日本戰敗，撤退時，留下的房子，都收拾得乾乾淨淨，才離開，回日本。我以後，念大學，寒暑假，離開宿舍回家時，也都注意把宿舍的住處收拾乾淨。這個習慣，我一直養著。現在，我出差外地住宿旅館，走時也一定把被子疊好，房間打理得過得去。不論如何，我覺得這是一個很好的習慣和素養。我以後也是這樣要求我的小孩注意這個習慣。我在清華上課，也和我的學生，講我這樣的看法。但是，大多數的同學都會說：「老師，沒事的，反正，學校雇著打掃員，會把垃圾打掃乾淨的。」

　　大陸有災害情況時，一般組織，救災等，也是做得可以，乃至很好。前段時間，中國工程技術人員和勞工從利比亞大撤退，幾萬人，幾天之內就撤離，就組織得很好，有條不亂，讓世人刮目相看。我的觀察是，這是由於中國有個好的組織系統（包括黨、團）。但

是，論起國民的個人素質，在一般情況下，就比發達地區的人差很多。有一點是明確的，就是因為今天的中國有個好的組織系統。大家經常批評這個組織系統的弊病，而所批評的，往往也不無道理。但是，如果沒有了這個系統，不知道今天的中國會變成什麼樣子？

總之，知恥近乎勇。我們要建設一個文明、理性，開放的社會，並立足在現今這樣的世界，就得不掩飾自己的不足和缺點，而勇於改正，特別是從與我們對立的方面，來學習。就個人來說，是如此，就一個社會來說，也是如此。

2014年9月

自由民主光環下美國的另一面

　　我是70年代留學美國的，那時美國打越戰正陷入苦戰，反戰的勢頭如日中天。表面上富裕、繁榮、自由、民主下的美國社會的矛盾也逐漸暴露出來。當時，美國採的是義務兵制，抽籤到了誰，誰就得去當兵，到越南去打仗，不論黑白種族，不論貧富。這樣，很多中產階層的年輕人就有可能被送去越南當炮灰了。這就不能不引起他們的強烈反彈。這是當時反戰運動如火如荼的一個重要原因。 以後，到了雷根時代，美國改採募兵制，願意當兵的人，就去當兵，不願的人，就免了。以後，美國雖然還是發動了幾次大的戰爭，如打阿富汗、打伊拉克等，但都沒有發生大規模的反戰運動，其根本原因，就在於當兵的都是些社會的下層民眾，他們的出路不好，當兵變成一個出路，以後退了伍，可以享受政府優渥的待遇，包括上大學，等等。

　　話說，70年代那時也確有一批負有正義感，勇於站出來反對越戰、揭發社會不公和黑暗（如對待黑人、印地安人的不公）的校園學生。這些人的舉止言論，當然會受到美國安全部門，如聯邦調查局（FBI）的注意，而被列入另冊予以跟蹤、約談。當然，依照美國的司法制度，也不能對他們採取什麼措施。但是，這些人，從學

校畢了業，到社會上工作時，就知道他們這些在聯邦調查局的記錄的厲害了。這些「不良」的記錄，經過有意無意的管道，他們的老闆一旦知曉了，他們也就失業了，因為老闆們，誰願意惹這些在美國主流社會看來是異類乃至叛逆的分子呢？這個結果就是在美國的一些校園裡，思想可以很開放，乃至負有正義感，但是美國的主流社會就很難有「普適公正」的開放思想和正義感了（舉如，對待對外戰爭，導致國外無辜婦女兒童的死亡，等等），反而，經常是很保守，很讓人不可思議的。如果，你乃至對它有所期待，那你肯定是太「無知」了。

美國的非法移民是另一個「怪胎」，尤其是墨西哥人大量地非法進入加州。幾百萬的人進入加州，不可能人人都能躲過邊境警察／移民部門的監視。邊境警察／移民部門的腐敗問題，也就不能不引起人們的猜測。中南美洲的毒品也是這樣就進入了美國。墨西哥的這些非法移民現象，有其利益的驅動背景，就是加州盛產柑桔，採摘柑桔需要大量的人工，這些非法移民，受不到美國法律的保護，只能廉價出賣勞動力，得利者，自然就是那些果園的農場主了（差不多是「一個願打，一個願挨」，這些墨西哥人在墨西哥也是社會的底層，生計更苦！）。照理說，雇傭非法移民有違法令，但能年復一年，雇養數目如此巨大的非法勞工，人們也不得不懷疑其中的「奧祕」！

紐約擁有來自世界各地最多的「非法」移民，尤其是來自中東。這些人為了能在美國居留下來，就利用各種合法、非法的手段，舉如利用「假結婚」以取得永久居留權（PR）。從事假結婚的女子，且有價碼，這在紐約是公開的祕密。美國是講法律的國家，事

事辦起來，都得請律師。這些移民手續的收益者，自然也就是律師和移民局的官員了。其中的「奧祕」也非局外人所能想像的。我在紐約工作過一年，聽過來自埃及同事的種種說法，令人嘆為觀止，因為，他有很多來自中東的朋友圈子，他們都有這類的經歷。有些律師和移民局是拿了好處，也給人家辦通了，但是，也有一些專吃人的，長期沒完沒了地向當事人要各種辦事的錢，到了關鍵時刻，卻由移民局出面，把當事人以非法居留的名義給遞解出境。人被遞解出境了，還能如何呢？

　　海外華僑熱愛自己的故鄉，在美國多年辛勞，有了點成就積蓄，總不忘給自己的老家做些善舉，如資助故鄉貧困失學的小孩，捐贈學校等。這些勤走大陸的熱心華僑也免不了引起美國安全部門的注意。就發生在這幾年的事，不知如何，聯邦調查員拿著法院的搜索證，在毫無通知的情況下，突然到這熱心華僑家去搜查，一下拿走幾箱的文書、電腦等。也一樣，處理這事還得有勞律師。在美國打官司，總是耗時，幾年折騰下來，確實沒犯什麼法，沒惹什麼事，被搜查的東西也給退還了，但是幾萬、幾十萬的律師費也耗了。明眼看來，這就是光天化日之下的整人之術。若心想不平，想告他一狀，律師勸說免了吧，一是，這類事，一般無何結果，對方也可以拿出各種證件，說他們也是有法有據的辦事，固然結果是一場「莫須有」；再者，還得耗不菲的律師費呢！對待這些華僑，聯邦調查局就需要懂中文的人，這幾年，從大陸去美國留學的年輕學生，就成了他們招募的對象。這些年輕人，沒有社會經驗，不瞭解美國社會的深淺，再說在優厚待遇的面前，有些人就被吸收了，幹起了這類在我們的道德觀念底下是傷天害理的事情。我想，等到他

們有了認識、覺悟時，怕也晚了。

　　我有時不免感嘆，現今科技發達日新月異，但人類社會的進步卻很慢，很不成比例，世界的文明程度還處在很初始的階段。看來，人類社會的進步文明，還得走相當長的時期，才能達到一個真正意義上的「公正、文明」的地步。「自由、民主」固然是大家的追求和目標，但不應忘了，就在自詡自己的「自由、民主」，而洋洋訐病他人的「不民主、不自由」時，也還要看看自己社會「自由、民主」下黑暗的另一面。有謂「自由、民主」，沒有最好，只有更好。誠然如此！

2015年6月

憶

往

篇

往事(一)

　　年前，我趁去上海之便，去了烏鎮（屬浙江省）。現在上海一帶，有高速公路網，交通很方便。去烏鎮除了看江南古鎮外，主要還是去參觀茅盾的故居。

　　茅盾是「五四」以後的偉大作家。臺灣過去在戒嚴時期，茅盾等很多30年代作家的作品是禁書。我是1971年到了美國後，才接觸到茅盾的作品。現在臺灣解嚴了，但是，很多人還是不知道30年代一些「左聯」的作家和他們的作品。

　　其實，在我念建國中學初中時（我們那屆是最後一屆的初中班），也曾讀過茅盾的一篇短文。那時，我家中存放著幾本我父親在臺灣光復時，參加過「臺灣省訓練團」學習班的幾本書和教材。我對「臺灣省訓練團」的情況就不瞭解了。我父親在銀行業服務，臺灣光復時，可能這類工作人員都得「培訓」的。這套臺灣省訓練團的教材（書）出版於民國35年10月，除了《國文》外，還有《三民主義》，等。記得有一次，我就在這本《國文》教材中，首次讀到「茅盾」的短文〈黃昏〉。這文對於那時念初中的我，是寫的虛了，印象很薄，遠不比「茅盾」這兩個字。該《國文》教材中，我還讀到朱自清的〈白種人——上帝之驕子〉。這文倒是深深地印烙在我的心

頭。直到數十年後，我還能隨口提及這篇文字。

以後，我聽過我媽媽提及，要把這些書給丟棄。她說，這些東西放在家裡，很不好。這書中所選的作者、文章，古代的不說，近代的，後來大半都從臺灣消失了，都成了禁忌、禁書。我爸爸是非常會收拾整理「舊物」的。他從來不捨得丟棄家裡的東西，不管有用還是早已不用的。這些臺灣省訓練團的教材就這樣在我家留了下來。

以後，我離家，到新竹上清華，到金門當兵，留學美國，到大陸來，一轉眼就過了近三十年。這當中，我們在臺北的家也搬了一回。1999年，我回臺時，在家裡的書櫃裡，居然看到了這本《國文》教材。當我又讀到〈白種人──上帝之驕子〉，見到「茅盾」時，不禁百感交集。我就把這書帶回了北京！

到了烏鎮，參觀了茅盾故居後，回到北京清華荷清苑，我又把這書找出，往事一頁頁在我心中翻起！──我的少年、我的雙親、我的人生旅程似乎都濃縮在見到這本書的一瞬間。這本《國文》教材已然有六十多歲了，但保存很好，至少比一個同齡人還更能經得起歲月的折騰。它保存完好，完全不像是六十多歲的樣子。這本書，沒有付印出版社、出版地點。但我料它和當時臺灣大半的書一樣，是在上海出版的。以後，它去了臺灣，在我家一待五十年。未來，它大約就在北京長期待下去了。

建議大家除了熟知的胡適、朱自清、徐志摩外，也能找時間，讀讀茅盾等的作品。相信一定能給大家一個非常開闊的視野。

日前，臺灣友人來函謂：「我最近在讀幾位先生的著作，包含錢穆、陳寅恪、季羨林、還有史景遷。雖然讀了很多年的書，一直到很後來，才注意到，讀書最好要讀名家寫的書。問題是，很多名

家，臺灣卻無人知道，也從不見報導。我在臺灣多年求學過程中，就從來沒有聽人提過史學大師陳寅恪。」

　　信然！

2011年11月

回憶伊朗學生

　　70年代，我在美國留學時，結交了不少中東地區的朋友（留學生），包括伊朗，還有巴勒斯坦、黎巴嫩、約旦和埃及的。伊朗產石油，當時的政權是巴勒維國王，這個國王政權和美國的關係很好（不像現在的伊朗政權和美國是死對頭），就送了不少學生去美國學習石油工業。這些學生的背景，都是伊朗有特權的家庭。國王（國家）送他們去留學，不少是公費的，給他們的待遇都很好。他們學成了，回國後，工作待遇也都很好。照他們的話說，就是依附國王，就不愁一切的。伊朗是這麼一個等級深嚴，特權很嚴重的社會，窮人自然是大多數的。中東其他的地區，也差不多這樣。令人感動的是，這些學生並不認同他們出生的階級、階層，而是立志要推翻這個專制的、依附美國的國王政權。當時，在美國的伊朗同學會就等於是反伊朗國王的一個組織。反之，臺灣留學生很多雖然對於國民黨在臺灣的統治很不滿，乃至主張臺獨，但囿於各種因素，敢於站出來的，則是絕無僅有。這個國王殘酷鎮壓反對者，殺人不眨眼的，經常斃人，伊朗學生就遊行抗議（這對於他們也是有風險的，他們的獎學金會被取消、被列入黑名單），我們也去參加抗議，聲援他們。我們的一些活動（照現在的話說，就是反對臺

灣的威權統治，獨裁和拘捕黨外人士，等等），這些伊朗學生就來
聲援我們（反而臺灣同學固然私下同情我們，但多怕事，怕出面，
選擇迴避）。這段留學的經歷，讓我深感，在全世界，不論大家語
言、膚色、文化、歷史背景不同，但受害者都有著感同身受的同憫
之心，這應就是所謂的「國際主義」吧！而同胞、同鄉的情誼還是
狹隘的。記得，我教的一個伊朗學生（大學部）畢業後，就回伊朗
了，臨行前，還來看我，說他回國，就是要推翻那個國王政權。終
於，伊朗國王最後給推翻了（1979年）。

　　1979年，我已來到北京，在科學院化學所工作。那時，華國鋒
任總理，正去伊朗訪問，原因好像是伊朗答應給中國五百億的美元
貸款（那時，中國非常缺少外匯）。但是那時，伊朗政局已不穩定。
我就和同事們說，這時，華國鋒去，不合適啊！那個國王說不定就
要倒臺了。同事們都不相信我的話。果然，沒多久，國王就倒臺
了。我想的就是很簡單，一個連海外的留學生都不支持的政權，肯
定是有問題的，也是長久不了的。

　　總之，巴勒維國王過度依附美國，給了西方大企業很多利益，
導致社會貧富差距過度拉大，而對於反對者，則大肆鎮壓，在伊朗
這樣一個宗教的社會，宗教勢力肯定也對其不滿，最後導致巴勒維
王朝的覆滅。應該說，這個革命還是有民意基礎的，符合人民的要
求。革命的發動者是左派的革命者和市民（伊斯蘭團體）階層。革
命以後，聽說左派也受到清洗。我的那些伊朗同學大多是左派的馬
克思主義者，崇拜中國共產黨的革命，毛澤東的著作，他們更是熱
心的閱讀。他們回到伊朗參加革命後的命運如何，我真不敢想像。

　　中東地區的政權都很腐敗，社會也腐敗，政權得不到老百姓的

支持。而美國人就在兩邊玩兩手，撈取政治的利益，鞏固它的石油戰略利益。中東還需要社會的變革，不然沒有前途。

這些留學時期的經歷，讓我對中東地區的問題有了不少感性上的認識，這些就不是靠讀書本上的文字能夠取代的。

2012年2月

談在金門當兵的往事

　　1966年，我在臺灣考上清華大學。入學前的暑假先去成功嶺「軍訓」八週。從立正、稍息，一直學到班作戰。大三暑期，我抽籤抽到步兵種，就到鳳山的步兵學校受訓了十二週。學習了從班到連，營的軍事作戰知識。各種與步兵有關的火器，從槍到炮，差不多都實彈打過了。印象特別深的，包括夜間的行軍、作戰、射擊就和白天的很不一樣。大學畢業後，我就到第34師服役一年。因為34師，當時就在金門，所以我（們）就乘船到金門服兵役，當排長。當時，同學們戲謔稱為「金（門）馬（祖）獎」，我是我們班上唯一的中此獎者。

　　當時，兩岸間還處於戰爭的狀態，第一次離開臺灣，過臺灣海峽，往大陸「走」的感覺是很微妙的。在金門，當時還有炮擊，這炮擊聲和戰爭電影上的完全是兩回事，聲音是很淒慘的。過了四十年，回想起那個炮聲都還非常的清晰，非常的淒慘。我們在金門時，雖離「八二三」炮戰已過了十多年，但經常還可以看到當時死了人，留下的白骨，所以戰爭是非常殘酷的事情。對於兩岸的問題，就是要堅持和平的，沒經過戰場的人不知道，戰爭不如看好萊塢戰爭電影好玩的，是非常殘酷的。我在金門還第一次看到了大陸

來的宣傳品，包括簡體字、毛主席語錄、小紅書等。

我當兵的地方在大金門的西北角，一個叫湖下的小村落旁，就在海邊，隔著小金門和大陸的廈門遙望。天氣好時，每逢漲落海潮的時候，海上就非常的安靜，猶如湖面一樣，望著落日的紅霞是非常漂亮的。我從小生活在臺灣的東海岸，花蓮一帶，那裡的海是太平洋的海，海浪很大的，和金門這邊不一樣，令人感到很新鮮。我當時就想，如果沒有戰事，這地方開放給大家旅遊，那該是多好的事情呀！三十到四十年後，這個願望竟然逐步可以實現了！

四十年前的金門還相當窮困，當時駐軍有五個師，當地人看人，不像在臺灣那樣，看你是幹哪一行的，他們就把人分成兩類的人，當地的金門人，和不是當地的軍人，這是很有趣的。那時，金門是戰地，不安全，生活又乏味，臺灣島上沒人願意去，因此缺中學老師，所以，有一學期，我還曾到金寧中學（國中）當過數學的老師，是占用部隊的時間去兼課，當然，這是部隊給安排，支持地方學校的，不是自己去賺外快。

說到軍事的訓練，我覺得非常的好。但不是現在大陸大學生們的那樣子軍訓法（現在大陸大學的新生，有軍訓一個月左右）。首先，軍訓不是簡單地去吃苦、受苦。那時在臺灣的軍訓，都吃得非常好。軍訓主要是學習：領導、責任、協調，預知會發生的情況並做出安排，特別是如何「掌握」好你的下屬，等等。這些，其實和領導一個企業也差不多。在部隊裡和學校不一樣，當時，三教九流的兵都有，你得學會如何「領導」他們。這些兵會和你搗亂，給你出難題，你得想辦法讓他「心服」，這真是考驗你的「智慧」。我從這裡學習到，如何「領導」一群人，不能簡單地靠權力。雖然，部隊

裡講求下級服從上級，但不能單靠這個，否則，你就陷入了誤區。真正的領導威信的樹立不是靠這個東西，而是靠底下的人能跟你在一起覺得有希望，有共同的共事和目標，能走向成功，這樣，你才能鞏固所謂的領導。在金門服役一年，我深刻的體會到這一點。的確，軍事的訓練，讓我養成準時，做事有條理，特別是學會預先設想可能會出現的情況，並做出事前有預案，有安排，臨事不亂。金門這一段經歷對我是挺有趣的，這對我以後做很多事情，都是很好的一個體驗：跟人要怎麼相處、怎麼樣做一個所謂的領導、如何維護團隊的團結等，這個感觸很深。這些都讓我一生受用無窮，我以為這是很重要的一種素質。

　　我服役了一年，就退伍了。隔了一個月，我就去美國留學。那個年代，臺灣的大學畢業生很多都去美國留學，特別是學習理工科的，這時是 1971 年的 8 月。我退伍離開部隊時，連長還特別誇我，說把排裡的事帶的有條不亂。在金門，當時屬於戰地，情況有時也複雜或危險，大意不得。別的單位出了不少事，也有死人的，但我的排，平安無事。

2012 年 3 月

回憶和謝雪紅在一起的日子(一)

　　滯留大陸的老一代臺灣人,口述當年(40年代末)在臺灣和大陸的經歷,很能真實反映那個年代的臺灣情況和兩岸關係。這個對於我們後生者理清真實的兩岸關係的來龍去脈,是很有助益的。幾年前,我特意給一位曾和謝雪紅相處過的臺灣老人做了口述,現在分四期發表出來,和大家分擔其中的淚和血。

　　1936年,我唸臺北二中時(現在的成功中學),日本帝國主義正全力推行皇民化運動。我們一些學生具有民族思想,都感到很壓抑。當時,臺灣的反日運動陷入低潮,各種反(抗)日的組織,活動不是被破壞,就是被取締,一些社會有影響的人被關的不少。一次,一個日本人在公園裡打一個臺灣人,正好被二中的兩個同學碰上,臺灣學生就上前制止,和這個打人的日本人打了起來。事後,這個日本人到警察局報案。警察就到學校把這個學生抓了。在他的日記裡,警察發現記有「反日」思想的同學的聚會及擬組織「烈星會」,反對日本帝國主義殖民統治。於是,參加聚會的十多名同學都被逮捕、拘留,其中四人被起訴判了刑,其中一個被關了三年半,我們三個則被關了三年。對這個事情,報紙說是「不良少年」

鬧的事，這就是臺北的「二中事件」。以後，我離開了臺灣，到了東京的早稻田大學念書，學商。我本想到大陸參加抗日的。但因為「二中事件」的背景，使得我寸步難行，沒辦法成行。

從日本回臺後，我就在家屬的公司工作。這時，我和陳逸松經常議論日本帝國主義肯定會失敗的，我們討論到日本戰敗後，臺灣人如何辦的問題。當時，日本統治下的臺灣已禁止教、學、用中文。於是，我們想到日本戰敗後要出刊中文報紙，及組織研究臺灣政治經濟改革發展的機構，這就是《政經報》和「臺灣政治經濟研究會」的由來。該報由陳逸松任社長，蘇新、王白淵和我任編輯委員。

鍾浩東和我是有親戚關係。他早年赴大陸，後參加丘念台的抗日團體。抗戰勝利後，鍾協助李友邦（直接受周恩來領導）幫助大陸的臺灣人回臺。鍾回臺後，不做官，就到基隆中學當校長，教書。二二八事件時，他任臺灣地下黨的基隆市委書記。鍾的手下有一些瞭解國民黨內情的人就知道陳儀已向蔣求派兵，大的屠殺很快就會來臨，就讓我們有所準備，躲了起來。陳儀這個人以為臺灣人中，那些在日據時期敢於反抗日帝的，肯定也會反抗國民黨的。他來臺灣後，不敢用這些臺灣人。同時，他主張重用日據時期的御用士紳，委任辜振甫、林熊祥、許丙等為臺灣行政長官公署的顧問（理番）。日本剛投降後，一些日本的青壯派軍官圖背後控制維持日本對臺灣的統治，就找辜振甫、林熊祥、許丙等出來發表「臺獨」的聲明。但辜、林、許等也不傻，看到日本已經戰敗了，也就沒有同意。當時，從大陸來了個叫張士德的臺灣人，他上過黃埔軍校是李友邦的參謀，官拜上校。當時（1945年9月）臺灣還在日本手中，大陸國府還沒有來臺，張是隨美軍代表來臺瞭解情況的，而美軍來

臺是為了瞭解美軍俘虜的情況，準備接受戰俘的。張來臺見了陳逸松，陳逸松告以準備把日本軍官想慫恿臺灣一些人搞「臺獨」的事情，揭發出來。 張就打電報給李友邦，李同意用「三民主義青年團籌備處」的名義，組織群眾反對這事。日本的總督安藤趕緊發表聲明說，沒有搞臺獨這事。這個活動以後，臺灣人才開始學國語、唱國歌。陳儀和軍統有矛盾，辜林許的這事，以後被軍統掀了出來，以搞臺獨的罪名，判了他們一年半到二年多的徒刑。其實，軍統為的是給陳儀難看。

說起「三民主義青年團」（李友邦任主任），當時不少臺灣愛國，有覺悟的積極人士都參加。臺灣人那時候很單純，就知道已經回歸祖國了，祖國政府就是孫中山創立的國民黨政府。直到以後報人李萬居從大陸回到臺灣，說起國民黨的腐敗，在大陸「三民主義青年團」是個反動的組織後，參加的人才如從惡夢中醒來，紛紛退出。即使如此，二二八事件以後，白色恐怖時期，參加「三民主義青年團」的人就被打死了不少，如花蓮的張七郎父子慘案。

話說鍾浩東回臺擔任基隆中學校長，因缺乏教員，請我幫忙。但我去基隆中學擔任教員一、兩個學期後，就離開了，到臺北辦了英文的雜誌（*Youth Report*），該刊只出了三期，就發生了二二八事件。2月27日晚上，陳逸松請大夥吃飯，飯後回家路上，我就看到賣菸女林江邁被打事。以後，沒多久，整個臺灣成了怒火之島。那段時期，我也全身投入了抗暴的鬥爭。當時，我已和吳克泰認識，228的那幾天，吳克泰就躲在我家的閣樓上，聽廣播，寫傳單，我就幫著散發，張貼。二二八事件被鎮壓後，我躲了一段時間，才敢回家。我在臺灣沒有參加地下黨，但我的親戚，身邊的朋友不少和

地下黨有關，乃至是其成員，例如，郭琇琮（臺北衛生局處長，醫生，地下黨市委書記）就是晚我幾屆的二中校友。以後，我要離開臺灣，逃亡香港時，檢查身體時見到他，他就知道我要逃離臺灣，還向我示了問候的暗號。當時，我熟悉的還有謝娥等。

　　1948年1月上旬，有位建材商和憲兵四團的一位高級軍官喝酒時，從這喝醉的軍官身上無意中看到二二八事件一周年時要逮捕的黑名單中有我的名字。他隔不久就告訴陳逸松，陳逸松馬上來看我，叫我立刻離開臺灣。於是，我就在1948年1月離開臺灣，去了香港。臨離臺灣時，鍾浩東來看我，說是到了香港，可以找謝雪紅（我當時不知道他們均是臺灣地下黨員）。鍾浩東以後隨著臺灣地下黨的被破壞，被捕了。當時，蔣渭川還出面，替他說情。但，鍾態度堅決，他看到蔡孝乾被捕叛變後，一批一批的同志被捕、被殺，感到非常難過。他在「感化營」裡被關的時候，就寫陳情，說是要離開，意思是準備犧牲就義。以後沒多久，他就被殺害了。

2014年4月

回憶和謝雪紅在一起的日子（二）

　　在舊臺共年代（指的1920、1930年代日據時期的臺灣共產黨），蔡孝乾是中央委員，謝雪紅為候補中央委員。舊臺共被日本當局破壞以後，蔡就離開臺灣，去了大陸，參加過長征，到過延安。為此，謝雪紅在臺灣指其沒有留在臺灣，堅持鬥爭，把蔡給開除出了黨。蔡孝乾是1946年7月才回到臺灣，任地下黨臺灣省委書記。他在上海準備返臺時，吸收了吳克泰和蔣時欽兩人入黨，帶回臺灣（蔣是蔣渭水的兒子）。蔡對過去舊臺共的一些成員，認為有些歷史問題複雜（指舊臺共被日本破壞逮捕後，是否有「轉向」的問題。），是否可靠，還得重新入黨。蔡也不主動和謝雪紅打交道。在臺灣時，蔡孝乾也曾要謝雪紅重新入黨，但為謝所拒，謝以為她已是黨員，何須再入黨呢？（謝雪紅和蘇新分別於1948年、1949年在香港又入了黨）舊臺共的蕭來福，潘欽信就和蔡多有接觸，以後他們就加入了蔡的地下黨系統。所以，臺灣雖有地下黨，但因為這些歷史原因，也就不能說是一個「一統臺灣」的地下黨系統，可謂各有山頭。蔡以後派蕭、潘到香港參加學習班。蔡被捕叛變後，「統廖（文毅）」（見後）也沒有成功，謝就指不承認蕭、潘的黨籍身分。以後，潘到上海，謝且指其為臺獨分子。這些都是後事。

　　二二八事件爆發時，謝雪紅在臺中出面領導群眾（還有楊克煌、李喬松、謝富等）圍攻市府部門、兵營，奪了武器。以後，大家推舉一個日據時代從過軍的人出來領導武裝力量，謝等所領導的武裝力量反而被剝奪一大部分。以後，國民黨部隊來了，武裝力量寡不敵國民黨軍，紛紛潰敗，只有謝領導的二七部隊還能堅守，但也只得退守埔里，最終失敗了。謝雪紅經過霧峰，終於逃到左營，在1947年的5月買通關係，搭國民黨的軍艦（當時國民黨軍隊很腐敗，也搞走私等活動。幫助謝乘船的人是一個國民黨軍人的弟弟。此人，以後被他的哥哥檢舉，被槍決了。）經過廈門、上海，以後就到了香港。

　　話說我離開臺灣，到香港碼頭時，正好遇到蘇新。通過蘇新，我就和謝雪紅、楊克煌見面並參加各種活動。早先，蘇新到香港時，謝雪紅先派周明和他談，覺得蘇新還可靠，就接受了蘇新。當時臺灣地下黨屬華東局，而香港則屬南方局，二者之間的關係似乎並不通暢，所以蘇新雖然是日據時期臺灣共產黨的老黨員了，但是到香港後，也得辦重新入黨。當時，為了在臺灣有利於繼續發動群眾，反對貪汙腐敗的國民黨專制政府，感到總不能用中共的名義，就想到用「臺灣民主自治同盟」（以後簡稱「臺盟」）的名義，以為號召，並得到華東局（有一說為上海局，1949年5月解放以後，改為華東局。）的批准。當時，局勢很紛亂，也沒有成立儀式的種種，就組織活動言，主要是1948年以後的事了。二二八事件以後，我們在臺灣事實上已沒有什麼可立足之處。臺盟的總部，宣傳上說是在臺灣，其實說是香港的支部，倒才是主要的所在。當時，謝雪紅任主席、楊克煌負責總務、蘇新負責宣傳，我則負責組織的工作（我

當時尚未入黨)。此外,還有劉雪漁、陳金石、丁光輝(當時尚未入黨)等。當時,還弄了個「臺灣出版社」,主要出版一些刊物、文宣材料,如出版了蘇新寫的《臺灣二月革命》等書。蘇新是個才子,腦子很好,文筆也好,性格上像個書生,不會鑽營。他寫的這本《臺灣二月革命》,很系統地介紹了二二八事件前後,臺灣在國民黨統治下的局勢,也總結了二二八事件的失敗教訓。書中還特別指出臺獨的危害性和危險性,以及臺盟要為之堅決鬥爭的決心。這本書以後成了研究臺灣二二八前後,那段歷史的重要文獻。當時臺盟剛成立不久,人力財力都很有限,經常是一面出刊,一面募一些款;期間,廖文毅、陳金石、石霜湖都曾經出過錢、助過力。另外,我們還得到過一些在港華僑的大力資助,患難見真情,這些華僑有參加致公黨的,他們非常同情臺灣的反蔣鬥爭。為了長期的財力問題,楊克煌想到成立一個基金會,於是讓我說服了葉仁義出來主持工作。基金會成立後,我們就買了條船,在沿海一帶搞生意。但後來該船出了意外,沉了海,這事也就沒有結果。我當時負責組織工作,主要做在香港臺灣人的工作,發展組織。但這事也是艱苦的,因為在香港的臺灣人也不多,而能有革命認識覺悟的就更少了。

臺盟那時是缺人,沒錢。這段時期,對我們來說確實是很困難的:離開臺灣,亡命他鄉,像是虎落平陽,有志難伸。雖然如此,大家處在逆境也沒閒著,努力工作。一方面,人人剛逃離臺灣,安全問題格外慎重,謝雪紅在香港時的居所就很祕密。我們個別見面的機會很少,只有在開會時,或是一些民主黨派成員聚會時才見面,反而,我和楊克煌、周明見面談話的時間多。這個居所是接運從臺灣逃出的地下黨同志,並負責把他們送往解放區的據點。當

時，我們和臺灣的聯繫，自然也是想方設法，透過各種關係祕密進行。身處地下工作，大部分的事情都不能公開做，找人如此，寫文章，出版宣傳刊物往臺灣送，也都只能暗地裡費盡心思地做。就此而言，謝雪紅也是能幹，她能將身處困境的臺盟料理得讓外人看起來有模有樣，具有一定的聲勢，也是難能可貴。

2014年5月

回憶和謝雪紅在一起的日子（三）

　　謝雪紅、楊克煌、蘇新在1949年3月，離開香港到了北京，參加「新民主主義青年團全國會議」（楊克煌當選中央委員）和「全國民主青年代表大會」。1947年7月，在上海成立「臺灣工作委員會」，謝雪紅任第二副書記兼統戰科長，楊克煌任統戰科副科長兼委員會委員，蘇新任宣傳科副科長，當時的工作主要寫宣傳材料，負責對臺的廣播等。1949年10月，謝、楊等赴北京參加新政協，準備成立新中國。謝為臺盟首席代表、會議主席團成員，並在會上代表臺盟發了言，指出：「必須消滅國民黨反動派的統治」，「美帝國主義急欲侵占臺灣的陰謀」，「臺灣有很多建設的有利條件，對新中國的建設是可能有很大的貢獻」，「由於地理上的關係，為保衛中國國土，在國防上臺灣也是一個很重要的地方」，「臺灣的解放是很快了，要建設一個民主，康樂和模範的新臺灣」。會議上，謝和蔡孝乾被選為全國政協第一屆委員（蔡未出席。第二年的政協會上的名單上，就沒有蔡的名字了）。同年（12月2日）謝被任為「華東軍政委員會」委員（主任為饒漱石，副主任為陳毅、馬寅初等）。1953年該委改為「華東行政委員會」，謝也任委員（1月14日）。這些職務都是由中央人民政府任命的，前者為祕書長林伯渠任命，後者為毛主

席任命。以後臺盟總部就遷往上海，乃屬華東局。謝在上海時期，生活簡單，善於交往，和郭沫若的日本夫人、賀子珍均有往來（據上海老人陳震雷的回憶）。1952年整風後，楊克煌去了安徽合肥，下放當了個圖書館長。臺盟因為是全國性的黨派，於1955年遷往北京，謝也去了北京。謝因為身為民主黨派的領導，因緣際會，就這麼幾年時間，一下升到了國家級的領導人物。全國解放後，歷史邊疆的問題大體穩固。西藏、新疆也解放了，只有蔣介石國民黨敗退臺灣，所以，自1949年以後，解決臺灣問題就成了全國的最大要事。也因此，臺盟原屬地方性的組織，至此成為全國性的黨派。

　　謝雪紅和蔡孝乾既有共同的一方面，日據時期，均屬舊臺灣共產黨（蔡也屬文化協會）。日本投降，二二八事件後，謝離開臺灣到了香港，他們又有互不隸屬的一方面：一個在香港屬於南方局領導，一個在臺灣屬於華東局領導，他們對一些事情是會有不同的看法。廖文毅是臺灣知名的一個人物，留學過美、日，早期，他也反日。40年代末，廖曾居香港，那時也不好說他就是搞定臺獨的。固然，他曾說過臺灣地位未定，主張由聯合國託管，以後自決，但我們也要看到，當時臺灣的局勢在國民黨的統治下，確實悲慘混亂，令人痛心。在這樣的背景下，一些人，特別是臺灣人看不清局勢的發展，也是不足為奇的（對比今天的兩岸關係，不是還有相當多的臺灣人，對於統一，還持有保留的，乃至不同的想法和意見！）。當時，蔡孝乾推薦廖出席建國前在北京召開的政協會議。這事，後來因為謝雪紅的反對而胎死腹中。我有印象，當時為了「統廖」一事，華東局、南方局在香港找謝和蔡（派人從臺灣來？）開了會討論過這事。設想，當時，如果廖去了北京，他以後可能也就沒有

搞臺獨這事了。大陸解放後，廖就去了日本，宣稱成立「臺灣共和國」，自任「總統」。60年代以後，他又投蔣，返回臺灣。日本的臺獨勢力是最早發展的。70年代以後，一些在日本的臺獨人士轉進美國，這時，留美的臺灣學生也多了。以後隨著國際局勢的變化，國民黨被趕出聯合國，臺獨勢力在美國便蓬勃發展起來。這時，臺灣已步入黨外時期，反蔣的鬥爭在海外，也因「保釣運動」的發展而愈趨激烈。這是後話了。

2014年6月

回憶和謝雪紅在一起的日子(四)

　　謝雪紅這個人是有能耐的。她出生窮苦,當過童養媳,被人娶過為妾。以後思想有了覺悟,衝破封建桎梏,參加了共產黨,去了莫斯科。臺灣光復之初,日據時期反對日本的人士,包括搞農民運動、工人運動以及舊臺共的人士,都活躍了起來。謝雪紅(還有楊克煌、李喬松、謝富、林兌)就組織了「臺灣人民協會」把這些人搜羅起來。他們注意不把這個團體搞成共產黨的樣子,也不外露左傾的色彩,並且注意吸收有正義感的年輕人。當時的臺灣人只知道有孫中山、國民黨;對於共產黨、國共鬥爭也都不瞭解,就只知道臺灣光復了,回到祖國的懷抱。謝雪紅對於國共的一些事情,自然了然。所以,她對光復後,國民黨的接收,以及以後局勢的發展是有預見性的。謝等能早一步成立這個團體,就很能說明這個問題。臺灣人民協會於1945年10月5日在臺中成立,直至1946年1月結束活動。這段時間,日本已經投降,國民黨還未有效管治臺灣,所以可以積極活動。1946年1月,陳儀頒布結社管理法,要求社團登記。謝等人以為如去登記,必然暴露組織人員,於是決定結束臺灣人民協會的活動。在這個時期,協會廣泛地進行宣傳活動,還辦了《臺灣人民報》。謝雪紅在這個時期,一如她在日據時期的反帝、反

封建的榜樣作用，可謂起到了鼓動風潮，造成時勢的影響力。在這同時，楊克煌在臺北也開了個書店，積極吸收年輕的學生。以後，國民黨的腐敗果然逐漸暴露出來，謝在臺中的的聲名就逐漸大了起來。二二八事件中，她領導了臺中的二七部隊，雖然以後失敗了，但當時在臺北的一些人，包括地下黨雖然也有武裝抵抗的想法，都沒有成功，謝畢竟做到了。在謝的那個時代，她確是具有指標性、象徵性的。這也是為何經過近六十年後，不論立場如何，不論對當時的臺灣有無瞭解，臺灣的人還是如此地敬仰她。謝雪紅也是有個性的，突出的是在她的一生的一些轉捩點，她是很能把握的，並且很能變通，適應時勢的變遷。她出生窮苦，並沒有讀過多少書，論見識，論水準，自然是比不過一般的書生。總之，「時勢造英雄」在她身上是恰當的。謝雪紅關於兩岸關係的看法，關於臺灣，大陸的看法也很質樸，就是：臺灣人是從大陸過去的，臺灣是中國的一部分。當然，這個問題在以後的年代裡，變得複雜了多，這也正是兩岸關係複雜多變，包括臺灣人複雜心態的一個反映面。一方面，臺灣人不瞭解，謝雪紅等40年代來大陸的臺灣人，以後在大陸所經歷的「反右」、「文革」是近代全中國的悲劇。另一方面，大陸人不瞭解，臺灣人瞭解到謝雪紅等臺灣人的大陸經歷以後，感嘆臺灣人命運悲戚的歷史情感。今天的我們，自然不好用今天我們面臨的兩岸問題，去看待那個時代的謝雪紅。謝雪紅確是愛臺灣家鄉，愛她的祖國，她為了一個正義的事業，義無反顧地奉獻了她的一切。

我在香港待留了一年多後，就到山東的解放區。我本來是想參加臺灣部隊，解放臺灣的，但沒找成。以後，我就到了華東局的城市工作部報到，被派到正好隨南下的第三大隊第八中隊，一路走到

上海。到了上海，就去黨校學習。當時，上海剛解放，我們學習了二到三個月就被分配到華東局臺灣工作委員會。 我在這裡工作了有一小段時間，這時，我們只能研究一些臺灣將來解放後的工作設想。以後，整風開始了，我就下基層到了區的部門工作。這以後，由於歷史的原因，我反倒和臺盟沒什麼來往，雖然我還是臺盟最早期的盟員。

2014年7月

往事（二）

　　現在海峽兩岸溝通往來很是順暢，特別是臺灣的人可以無拘束地，方便迅捷地到大陸。但是，回到三十年或更早前，這些不僅是絕對的不可能，還會帶來今天人們不可思議的災難。

　　大家知道兩岸自1949年以後，就完全斷絕了往來。兩岸的往來開通，從臺灣來說，固然始自1987年，臺灣方面開放去臺的大陸老兵回故鄉探親，其實，早在1971年的9月，就由於中美關係的解凍，臺灣的海外留學生可以經由美國的管道赴大陸，而開始了。兩岸關係的發展，人員的往來是繞道美國，這樣開始鬆動的。有謂，路是人走出來的，開始時，並無路，開始第一次邁開步伐的人，肯定是最艱辛的。然而，歷史就是這麼容易被忘懷，現在，兩岸的人們居然對這段歷史所知很少。

　　我常說，事實也是這樣，兩岸自1949年以降，有人員的往來始自1971年，在海外的臺灣留學生發動了轟轟烈烈的「保衛釣魚臺運動」後，有五位臺灣留美的學生第一次登上大陸的土地開始的。他們來到大陸，來到北京，就受到當時大陸的總理周恩來的接見。從兩岸關係的角度看，這無疑是破天荒的一件大事。然而，我也很遺憾和不解的是，兩岸的一般老百姓不知道這段歷史不足為怪，而

大陸的官員竟然對此也非常陌生，乃至不知道。對兩岸關係歷史認識的遲鈍，確實也很反映一些深層次的問題。

總之，70年代，臺灣的留學生，和他們在臺灣的親屬，就經由美、歐的管道，去了大陸。這個事情，當然是犯了臺灣當局的「死罪」，去了大陸，誰還敢大聲模樣地說他去過了大陸？除非他是下了狠心，再也不回臺灣了。

當時，中美沒有直航，人們只能走香港進入大陸。當時港英政府的移民部門和臺灣的情治部門是掛鉤的。果然，那五位第一次去大陸的臺灣學生的名字，在他們路過香港，進入大陸後，很快臺灣方面就掌握了。就在他們到大陸後，約一個星期，《中央日報（海外版）》的頭條就刊登了臺灣當局吊銷他們臺灣護照的通令。臺灣當局的這個動作很明顯是殺雞儆猴，想嚇阻以後誰還敢去大陸。但是，如孫中山所言：「歷史潮流浩浩蕩蕩，順之則昌，逆之則亡。」1971年以後，從美歐去大陸的旅程，不僅無法切斷，反而絡繹不絕了。多年以後，我一直想找出當年《中央日報（海外版）》的這則新聞，臺灣的朋友也幫了忙，到臺北的公立圖書館也去找了，但是，就是缺了那幾天的報紙。這事，著實讓我不解。

我也是在1975年的3月份，第一次「偷偷」地從美國來到大陸，走了一趟，總共在大陸待了有兩個多月。考慮到經由香港的危險性，我就先到紐約，和朋友會合後，搭乘巴基斯坦的航班，取道巴黎、法蘭克福、開羅，經由巴基斯坦，進入新疆、華北，到達北京。這條航線路長，也費時，但也最安全。記得是第一晚離開紐約，第二晚到開羅，第三天的傍晚才到北京。飛機飛越過新疆的喀喇崑崙山時，所見山川的雄偉，讓我至今猶印象深刻。我在北京

的頭幾個晚上，都睡不好，幾次夢到被捕，被關進監牢，而驚醒。但很快，旅途的所見，讓我們耳目一新。我們這團的成員七人，全都是臺灣本省人，應該算是首次臺灣本地人以團的名義登陸的。我們從小在臺灣出生長大，從學校的歷史、地理教育，對於大陸也是熟悉的，但是，也很陌生，因為對於大陸1949年以後的情況，基本是無知的。我們在大陸去了東北、陝北、西安，路過河南、湖北，去了湖南，以後，再到南京、無錫、蘇州、上海等地。我一路上，忙著記錄所見，整整寫了一大本筆記。我還拍了近千張的幻燈片，如實地記錄我們一路的所見，誠屬可貴。大陸當時物資上遠不能和外界相比，我們所到之處的不少小地方，如一些縣城，倒是很類似於，我小時，50年代花蓮的樣子。4月時，我們到了南京上海一帶的江南，正遇上杏花春雨，如唐詩、宋詞上所描述的江南，美不勝收。當時的大陸，可謂沒有公害汙染，所到之處都展現著一種淳樸的氛圍，景觀是這樣，而一路上所遇的人們也一樣，都是非常純樸的。

　　1977年6月，我得到批准，來到北京工作。我在三藩市朋友認識的旅行社買了機票，準備飛夏威夷、東京，到香港後，進入大陸。旅行社的老闆說，你持的單行飛香港的機票，沒有離開香港的，這樣，在入香港時，肯定會受到港英移民局的注意，那就不好了。他於是幫我買了一程從香港飛臺北的機票，並說，這個旅程的票，我不收你的錢，只要你到了香港，把它寄回給我，就好了。我和這個老闆素昧平生，對於他的關照，我一直感念著。多年以後，很遺憾，我一直沒有機會再見到他，向他再次表示感謝。我到香港後，本想在香港玩幾天，但準備送我進入大陸的香港朋友說，我不

宜在香港多停留。這樣，第二天，我一早就經羅湖口岸，進入大陸了（當時，還沒有深圳。）。

這樣，直到1993年的12月，隨著兩岸關係的改善，臺灣方面才允許我回到臺灣，探望我年老的父親。當時，赴臺須經香港轉機飛臺北，周折耗時。在香港時，得到中華旅行社換正本的入臺證，所以臺灣方面掌握著我入臺的班機。抵達臺北，在入關處，「大陸同胞救濟總會」派了個年輕人來接我。我則全程用臺灣話和他交談，表示感謝關照。這個年輕人一時還反應不過來，如何會從大陸來一個能說流利臺語的「大陸人」呢？

時間過得很快，距我第一次來大陸，已然四十年過去了。回想當時我還不到三十歲。這些往事，和臺灣的年輕朋友談起來，他們不免感到帶有傳奇的色彩。其實，人的一生也就是平凡，當你想到可以做，應該去做時，就做了，也就是這樣。事後就是無怨、無憾和無悔！一些後來者，可能看作是關鍵的時刻，關鍵的事情，在當時，也就是感覺是應該做的平常事。

2015年3月

哲
理
篇

也談人世的不可知論

　　1949年後，海峽兩岸的隔絕，造成了許多妻離子散的悲劇。因為，我算是早期（70年代末）來到大陸，因緣際會，我還曾經幫助過失散多年的，分居海峽兩岸的人們，再度重逢。這些事情，其實不是因為我有多麼大的能耐，往往就是一種偶然。例如，70年代末，有位素不相識的江蘇鹽城老人給我寫信，說是要找他失去聯繫多年的兒子某某。他的兒子當年隨著部隊從大陸去了臺灣。人海茫茫，何處能尋得到呢？倒是，這個老人提示了一個重要的線索，他的兒子去臺的單位是屬於醫藥的部門。事情也巧，我在美國學習時，認得一位從臺灣國防醫學院畢業的朋友。國防醫學院畢業的同學人數應該還是有限的。經過溝通瞭解，這個老人的兒子正好做過我這個朋友的助教。就這樣，我就給那老人找到了他在臺灣的兒子。這個老人，還特地給我寫了感謝的信，說我積了陰德。

　　這事表面一看，幾乎純屬偶然的成分，但仔細分析一下，還是有一定的脈絡可尋，只是事前，我們對之茫然無知而已。年紀稍大的人，都難免有這樣的感慨，人生往往是難以逆料的。有謂「如何規劃人生」，我的感覺是，從某個意義上來說，人生實在是無法規劃的。我當初從臺灣清華畢業，到美國留學，也未曾料到會來到北

217

京，一住三十多年。當初北京的生活很困難，也沒料到三十年後，大陸會變得如此發展。真是「人算不如天算」啊！說是無法規劃，你當然也可以遇到不少上了年紀的人和你說，年輕人要好好規劃你的未來啊！我們的世界真的是很複雜，幾乎沒有一樣是絕然的、必然的。

這裡，我就多說一點從物理的視角，如何來看待這個問題。我們所知道的物理定律，舉如牛頓力學所描述的物質、世界運動的基本規律是很簡單的，$F=Ma$（力量等於質量和加速度的乘積，這個規律明確了物體運動的軌跡過程。）。但這不等於說，我們就能盡知世界的一切，雖然世界的一切確是這個運動規律簡單的結果（這裡，我們不談及微觀運動的部分，如分子、原子，乃至更小粒子的運動。）。我們能知曉事物發展的規律，還不等於說，我們就能完全預知事物的發展和未來。這個核心的原因，就在於我們無法掌握，完完全全，百分之百地明確事物的當下具體情況。換句話說，我們對事物的瞭解、認識總是有限度的，因此，「失之毫釐」幾乎是不可避免的。也因此，事物未來的發展情況，就因為對其當下情況不能完全掌握和瞭解，以至這個微小差別所導致的未來情況就可能「差以千里」了，這樣，「未來」就無法完全可以被確定預知的。如此，我們何曾能預曉未來呢？在這個意義上來說，未來是不可知的，因為你實在無法掌握當下的這個「毫釐」差別。這就是說，當下的情況不能確定毫釐無差，當下失之毫釐，對未來的情況的「預知」，「預測」，也就難以避免差以千里了（固然，你能確知事物發展的規律。）。這樣的認識，就是70、80年代後，興起的「混沌學」的主要內涵。這個認識讓我們更為深入地瞭解了運動的規律和事物發

展過程的關係。雖然如此，但也不要誤以為什麼都不可知，那就錯了啊！至少，我們還是瞭解事物不論如何的「不可知」的發展，它的過程總還是遵循F=Ma的規律的，它總不會脫離一般發展的規律的。我們的無知，更多地在於對（當下）事物準確狀態的瞭解的侷限！總之，掌握運動的規律，和掌握事物發展的具體情況，是兩個不同的層面，是兩回事。

　　大家看，固然人生無常，但千百年來，我們的先人還是總結出很多具有「普適性」的人生格言。你總不能說，這些格言，就都沒有價值，多是無用的。因此，我們看，我們的生活中，就這樣充滿著無窮多的偶然和必然。這就造就了我們豐富和多彩的生活和人生，而且每天都不一樣，人人都不一樣。所謂真理均有其範疇，超出了範疇，真理就變成謬誤。誠然，不可知論、無常論、必然論、確定論，都有它們適用的範疇，不分析事物的具體情況，隨意引申偶然性，或必然性都是不合適的。偶然性和必然性，簡單和複雜，混沌和有序，對立和統一，以及其間的互相轉化，這些都是事物發展的辯證規則、過程和本質。凡事還得「具體情況，具體分析」。我們還得遵循、相信邏輯、推理和分析的。雖然，有時我們一時不知道其所以然，但只要是合乎邏輯的、合理的，必然是有解的、可以解決的。我們做科學研究是如此，做事、做人，何嘗不也是一樣的道理？有了這個辯證的思維概念，你就比較不會迷失在茫茫的大千世界中了。如此的認識，所連帶引出的對人對事的態度，對於一個人的一生是很重要的。

2013年3月

關於打坐禪定

　　臺灣友人給我發來一篇德國醫學界的報導，說是他們發現了「沉思」（meditation）可以起到身體的調節，從而治療好如感冒等的病症。其實，這樣的情況，在我們東方的社會並不是新聞，而是很多人都有過的經驗。例如說你因工作忙，晚睡了幾天，抵抗力弱了，招了寒氣，喉嚨感到不舒服。這時，睡前，睡後在床上多待久些，打打坐，沉思一番，經常會有很好的恢復效果。箇中原因，應不難理解，就是對腦的功能調節了，會促進身體的自我調理和治療的效果。當然，每個人的情況不會完全一樣，所有的感受和效果，也不能有個統一的效果標準。這篇文章還提及，對腦的功能的研究，以瞭解治病的課題。值得注意的是，他們的著手點，都是從西醫的手段入手的，而不像我們更多的是憑藉經驗。

　　這讓我聯想起我們熟悉的打坐的功能。我一直以為（相信）打坐（別方面類似的氣功、禪定亦然）的作用，在於能調節腦的功能，以致起到對身體機能（包括肉體和意識）的改進作用。我常寫書法，一、二個小時寫下來，心境非常專致、平和，感覺就一如打坐一般。二十多年前，北京中關村、科學院一帶流行練氣功，我也有過和「特異功能」者接觸的經驗。我深感關鍵點在於這些氣功、

打坐是能調節腦的功能，而不是別的神祕，不可知的作用，只是我們不少的人對它的認識，更多的是往抽象的非物質的效果方面去理解（如修煉、意境等）。這就造成對它研究理解的停滯不前。這和我們的教育從中學就文理分家有關，結果就造成很多「文科」的人缺少現代科學的觀念，以致不能用科學的分析方法來對待這些未知的事物。當然，這也和學習「自然科學」的人其實未必真正瞭解何謂「科學精神」而直斥之為迷信有關。這話可能說重了。我很難接受，一個人沒有了腦的活動（死亡），還能有什麼「身外之物」的東西，如靈魂。我們對這些的瞭解也只能從「唯物的角度」來切入，關鍵點在於腦的功能，在於對腦的瞭解。

北京西北郊的大覺寺是很有名的。大殿前有「動靜等觀」四個大字。有人就謂：我們老祖宗已知道「相對論」了，因為相對論就說了沒有絕對的靜和動，它們只能是相對的。這不對吧！我看到不少人篤信佛法，但似乎急於需得聯繫到物理等自然科學，以證之於佛法。往往這些論證，因缺少對自然科學之基本瞭解，而錯誤百出。網上經常可見的，以自然科學論證佛學，就是例子。所謂「真理」均有其範圍，一旦逾越了，就是謬論！此類之文，徒無益也，甚或徒害於佛教／佛法。簡言之，不宜以錯誤之理，來支援任何心中所崇敬的任何事物和事情。如此，則是極愛之，而徒反害之矣。不言吾人所不知之事，乃謂之有智慧，知道自己不知道什麼是很重要的。

但是我給學生上物理課，則強調對物理的理解，要重視「悟性」的培養，「直指人心」的感悟，而不是在公式上打彎。

2013年4月

221

禪學和辯證唯物論（一）

臺灣的朋友學佛（主要說的禪宗）的不少，我幾次回臺，也受啟發，遂也學習了一點這方面的知識，寫了一些學習筆記，也和大家分享。

首先，禪宗主要不是以一種宗教的形式出現，而是作為一種哲學和生活方式和態度去追求。所以，我主要關注禪學和辯證唯物論的關係和對比。

因此，先綱要性地敘述一下辯證唯物論的主要內涵：

唯物論的核心概念是：承認客觀世界、物質的存在。這個客觀世界、物質的存在是一切，包括人們心中（主觀）所具有的各種概念的基礎。世界不是幻影，而是真實地在外界存在的，是「不以人的意志為轉移的」。世界、物質是在變化、運動的，不止是數量、還有質量的變化。世界是可知、可認識的。認識是主觀和客觀內容的（對立）統一。認識來源於實踐。

辯證論的核心概念是：事物間的有機聯繫的規律，所謂的「無風不起浪」，就是這個意思。事物不會是孤立的，都和周圍的某些事物有一定的聯繫，或說是受其制約的。正確瞭解這個聯繫的原因和條件，就能瞭解事物存在的意義。同一事物在不同條件下，就有不

同的性質和意義。研究事物要在具體情況、條件下的具體的分析，抽象的分析意思不大。一些名詞、概念，總得結合實際的具體情況來談，才有意義——這就要求「具體情況，具體條件和具體分析」。

例如，我們經常接觸到的名詞，如國家、自由……等等亦然。不能脫離實際的情況、條件來就這些名詞做肯定或否定，這樣意思不大。即如，有人謂：「國家為我而存在，不是我為國家而存在。」此類命題，沒有「條件」，故無意義的。我們可言：「環境」是為我而存在的，不是我為「環境」而存在的？至少，我們還得注意環保吧！

事物有自己運動和發展的規律。既有帶普遍性的規律，也有帶事物自己特徵的特殊性。我們要瞭解事物，就要研究事物發展或沒落的原因、規律。這就要求，要重視對事物的對立面（如：正、反面；過去、將來；生長、沒落；愛、恨）的研究和認識。一個事物總和它的對立面共存的，它們之間的關係，就是「矛盾」。所以說：沒有矛盾就沒有世界。矛盾有多種，有起主要作用的主要矛盾和其次重要的矛盾，這樣的區別。一個事物和其對立面的依賴和衝突，伴隨著事物的發展，而這個發展的過程就是事物矛盾的解決過程。相互對立的矛盾（勢力）在一定的條件下，可以有一定的妥協。矛盾的具體性、特殊性，要求不同的矛盾要採取不同的解決方法。

總之，我們要認識客觀的事物，就要研究事物間的矛盾，矛盾既有普遍性的，也有其特殊性的。事物之間既有對立的一方面，也有共存，統一在一起的方面，所謂對立性和統一性的共存。我們要促進事物的發展，就要正確分析矛盾，採取正確的解決方式。

事物的演變，往往是從量（多寡）的變化、積累，而最終導致質的變化（如小病不醫，成大病）的規律。

　　事物既有其表面的現象，也有其內在的本質。我們不能只看表面，而是要能透過表面的現象，看到事物的本質。

　　同樣地，我們要區分外在的形式和內在內容的不同。

　　同樣重要地，我們要區分必然性和偶然性。常言道：「多走夜路，必然見鬼。」但是，你幾時會見鬼，則具有偶然性。

　　事物的發展，總的說，是有法則的，有因有果。

　　我們也常感事物有「重複」發生的現象，舉如常言道：「今天看山是山，明天看山不似山，後天看山，還是山。」其實，事情不是簡單地重複，而是，我們的認識加深了。這就是，否定之否定的規律，「否定之否定」不是循環，而是往更高級的發展。否定是事物轉移、變化的共性，反映著事物的產生、發展和消亡的過程。

　　我們做一件事情，總會有我們的目的，但是要注意，做成這個事情的條件是否具備，做成這個事情是否有可能性、現實性。不然，就是脫離了實際，就是妄想、妄為，瞎幹、盲幹了，這就最要不得了。這就是辯證法所提的：目的性、可能性和現實性。

　　最後，我們知道物理學的發展揭示著辯證唯物的思維。

2013 年 5 月

禪學和辯證唯物論（二）

上回，我們簡要介紹了辯證唯物論。這回，我們也簡要對比它和禪學的一些異和同。當然，禪學的內容浩瀚，我的所知也是很有限的，並且，我只能舉出很有限的幾個事例來分析。我主要的意思是通過這些事例的對比異同，從而有助於對它們的認識、瞭解和分析，並能起到舉一反三的作用。

首先，我們得瞭解到，禪學是充滿著辯證的思想，只是它往往混淆了認識的主體和被認識的事物（即客體）之間的區別，或說它是唯心論的辯證法。

一、禪學說：「一迷戀就是眾生，一念悟眾生就是佛」。一切都在一念之間，「一心具足十法界」。修行在於破執著，先破我執，後破法執，最後把能破所破都破去，達到我空和法空。

分析：這裡禪學所言的積極意義是強調要客觀，不可主觀認定、主觀想像。辯證唯物論強調，主觀的認識要儘量符合客觀的實際。主觀的認識和客觀的實際，二者不可能完全一致，所以強調要經常地，審思這個客體和我們主體的認識的差異。特別要注意到，因為客體是經常變化的，就更要求我們要注意這點了。

二、禪學說：「緣生性空」；緣生說：「事物是有條件的存在，互

為條件的,一切諸法都是條件的組合,故其性本空,沒有一個實體的體性,沒有一個實在性可得,故曰『性空』。」(事物緣起無自性)

分析:這和辯證唯物論的對立面的事物既有統一的方面,又有相互轉化的另一方面,是一致的。其本質是事物的多樣性、轉化性、暫時性。但不是「空無一物」的。如果只注意到「轉化」、「變化」的過程,就會感到是沒有「實在性」。但這不全面,沒有對立的「實物」的「存在」,何來有「轉化」呢?

辯證唯物論說,對立統一的兩個方面不是不變的,它們是會相互轉換(不是簡單的對調、轉化)而往更高的層次發展。辯證唯物論強調對立統一雙方的分別和區別,強調要重視它們的存在性、合理性,而不是漠視它們的差別,這樣,才可以全面認識事物,乃至掌握它們的發展、轉化。辯證唯物論重視事物的對立性,即如生、死;愛、恨,因為這是事物的本質,事物的發展過程。辯證唯物論考慮的是事物的轉化,在一定的條件下,會否往不利的方向轉化。辯證唯物論研究對立雙方的性質,對立的條件,從而創造條件,使「轉化」朝著有益的方面發展,但也不是不顧條件地,超乎事物可能發展的範圍(這就是妄想了),而有所強求。果如此,則必然導致「惡果」,也就造就了「煩惱」。

三、禪認為世界的本質在人們的「心」中,是來自「心」的主觀的結果,而不是客觀的事(實)物。世界的本質是因緣而生,是無常的緣起。因此,是無,是空(事物是永恆的變化,無始無終,故是無和空)。萬千事物的分別均在於心的妄臆所致。因此,要求不要以名去分辨所見,而是要通過「去我」來接近,來瞭解本質上是空無的萬事萬物。這萬事萬物的不同,其實是我們主觀的臆斷。如

何「去我」呢？禪提出了一些方法，其最根本的就是要求人們進入一種「空無」的「自我無物」狀態。在此狀態時，人們的智慧最高，就能認識這空無的本性。這有如人在極端無望的情況下，往往能激發無窮的能力（這也是禪追求的境界）。這種本性不可言傳，只能自己去追求，自己去感受。

分析：禪所認定的因緣而生，具有辯證的意涵。這方面和辯證唯物論有共同、共通的部分，這是應予肯定的。禪定能提升人們的心境智慧（修智慧，修覺悟，包括心理素質），這也是要予肯定的。但是，「智慧」是主體的屬性，我們不能離開「客體」，空談人的「智慧」。人的智慧只能在認識客觀事物，處理客觀世界矛盾的能力時，才能體現，才有意義，這智慧只能表現在對事物變化的深入理解和掌握。因此，從事生產的活動，科學實驗的活動和接觸眾生（社會）的活動是不可避免的。獨處深山老林，與世隔絕的人，空談其智慧是沒有意義的。

禪的立論從本質來說，認定「心」是第一性的，事物的本質在於心，所以說是唯心論的。從唯物辯證的觀點來理解禪，有助於對禪的理解，特別有關辯證的方面。反之，認定禪的人，如果能對比唯物辯證的觀點，應也能加深對禪的認識，即如對禪的核心——「空無」的理解。我們對世界的認識，也是經由對「心，物」對立的對比，反覆逐步深入的。唯物辯證論者強調世界「物」的第一性，不等於可以忽略和它對立的第二性——「心」。

我們這樣的分析，看法並不是否定佛學、禪學在歷史進程上的意義和角色作用，相反地，我們提倡看待歷史上的事物、人物不能以今天的認識和觀點來強求。我們總得尊重歷史，尊重珍惜歷史上

的文化和人物，特別是那些推動歷史前進的思想和人物，不論它們是唯物論的，還是唯心論的範疇。另一方面，我們對這類問題的看法，也不能不顧今天的認識（近代物理學的發展也厚實了辯證唯物論），而停滯在古代的觀點，成為古人的俘虜（絕對的「厚古薄今」）。總之，我們要歷史地（包括今天和昨天），全面地看待這些問題。

自然，我們應看重（積極的是贊成）人們去修禪，學習感受因緣，辯證的的世界。學習正確，合宜的待人處世（EQ好）——「不」執迷不悟（能心胸開闊地接受新事物、思想），眾生平等（民主的涵養），不沉迷物欲，不暴殄天物（不愛惜它物，破壞環境，大吃大喝。）——的良好品格和乃至具有一定智慧的，善於了然世事的素質。然而，從認識論的角度言，我們畢竟要瞭解其唯心論的本質。就因為這個本質，反而，往往又會使人們走入一種不合宜的極端態度——不講科學，不客觀，不理性，乃至排他的。這其實也違反了「慈悲，普度眾生」的大氣度。

2013年6月

禪學和辯證唯物論（三）

　　我讀北大教授季羨林著《禪與文化》（中國言實出版社），收穫很大。他認為研究神學問題要從：經濟關係、來源關係、意識形態和共同歷史使命幾個方面來加以論證。這就是說：不把世俗問題化為神學問題，而是要把神學問題化為世俗問題。佛教在印度的消亡，而在中國得到廣泛的傳播，並且和中國文化相結合，這只能從這樣的視角，觀點來分析，才能得到理解。

　　且舉兩個例子：

　　一、歷史上出現過多次的排佛，主要的原因是出於經濟，而非宗教。僧人不耕不織，影響了生產力的發展，因而不排不行。這就是問題之關鍵所在。在所有的佛教宗派中，瞭解這個道理的似乎只有禪宗一家，禪宗是提倡勞動的。他們想改變靠寺院莊園收入維持生活的辦法。最著名的例子是唐代禪宗僧懷海制定的「百丈清規」，其中規定，禪宗僧徒靠勞作度日，「一日不作，一日不食」。在中國各佛教宗派中，禪宗壽命最長，最重要的原因還要到宗教需要與生產力發展之間的關係中去找。在世界上所有的國家中，解決宗教需要與生產力發展之間矛盾最成功的國家是日本。他們把佛的一些清規戒律加以改造，以適應社會生產力的發展，結果既滿足了宗教需

要，又促進了生產力的發展。在日本，佛教的世俗性或社會性是十分顯著的。

二、釋迦牟尼和他的弟子以及再傳弟子同商人有多方面的聯繫。世界上任何一個宗教，都沒有像佛教這樣，同商人有這樣密切的聯繫。這個看似沒有什麼重要意義的商人與佛教的問題，很有必要加以探討，因為從這裡我們可以看出佛教興起時印度的社會狀況，階級劃分情況，可以看出佛教所以迅速發展的原因。早期，商人與佛教關係密切的原因，可以從以下三個方面來分析：

（一）經濟關係：商人是施主，二者都以城市為據點，佛教是以城市為大本營，佛教依靠商人的旅行而傳播開來。

（二）來源關係：二者在思想上同源，商人與佛教徒之間確實有一些共同的心理狀態。佛教講因緣，講因果，反對戰爭，這符合商人資本產生利潤的心理。商人看到金錢能產生利潤，有投資就有利潤，也就和因果的思想一致了。

（三）意識形態的關係：不殺生、非暴力的學說、反對戰爭的思想。最怕戰爭的是商人和農民，商人是擁護這種學說的。輪迴轉生的學說是佛教最基本的教義之一，十二因緣的核心就是這種思想。佛教是新興勢力，反對種姓制度，主張業報輪迴學說，說明種姓是可以改變的，這就符合那些因種姓制度，而受壓迫的沙門者的思想要求。

佛教早期在印度的傳播，主要靠商人。中國沒有商人的社會基礎。佛教初入中國，不是在人民群眾中扎根，而是得到皇帝和王公的垂青。中印兩國商人階級發展的規律也不同，中國歷來重農，而輕商。

　　對於佛教我們應該一分為二來看待，它有它的糟粕，這是不容置疑的，但也有積極的方面。中國的儒學素來是辟佛的。但是，事實上許多儒家的大學者都學過佛，佛教的教義以及分析問題的方法，對他們產生了深刻的影響。佛教在唐朝「中國化」了，成就了禪宗，也融入了中國的文化，舉如，大家熟悉的范仲淹〈岳陽樓記〉中的「不以物喜，不以己悲」，就帶有明顯的禪學思想。禪宗是適合中國士大夫的口味的，它結合了魏晉南北朝的「清談」思想，而發展起來的。禪學影響了宋元以後的理學（朱熹、周敦頤、陸九淵、王陽明）。宋明理學因吸收了佛教的一些內涵，才能成其大，成其深。中國如果沒有佛教的話，我們的文學、建築藝術、繪畫藝術、雕刻藝術，絕不會發展成今天這個樣子。

2013年7月

禪學和辯證唯物論（四）

　　這幾期《書簡》，和大家談了不少禪學中關於辯證法的內容。對於禪學的各個派別，我倒是覺得可以探討一下它們中的「辯證法」的內涵。從這個觀點、視角來比較不同的宗派，在不同時期的差別和內涵，這或者是很有意義的。我一直以為應該有新的觀點、視角去看待和研究傳統的東西，這當然也包括禪學、佛學的。

　　我有時遇到基督徒或佛教界的朋友，他們往往熱心於和我談及，要相信有天堂，或西方極樂世界的事。關於這個問題，我的看法是，不爭辯，也不討論。按這類問題均無法證實，也無法否定的，就憑個人了。所謂信者恆信，不信者恆不信。至於言往生、來世，多為這類事認真亦不需要。古往今來無人知道這個答案，也永遠無解，何得認真？而一般所謂認得真神、西方極樂世界，等等，多為個人的感覺，不具「普適性的」（universal），或說是「客觀的真實」。一句話，「宗教是為有此需要的人所創造的」。需要宗教的人，就會信，無此需要者，自然就不信了。如是而已！當然，宗教在人類的歷史過程中起了很大的影響，如佛教、基督教均和中國、西方的文化（人生哲學）緊密聯繫在一起。這個文化的現象，社會的現象，乃至因宗教引起的社會（世界）的矛盾，確值得吾人認真

對待。這才是問題的所在。另外，重要的一點是，不論信佛、信神，總不得和目前已知的科學（知識）相違背。我們往往也見到一些信佛、信神者，因為缺少現代的科學知識，而被騙，而走火入魔的。此類悲劇往往是可以避免的，只要有一些常識，一些科學的常識。可見，宗教信仰是表面現象，它的背後，所隱藏的社會問題才是真實的所在。宗教界的人士，信佛、信主的人應將重點放在這個上面，來造福眾生、世人，這樣才有意義。如只圖個人追求極樂世界或永生，其實是狹隘乃至自私的。我就佩服這句話──「我不入地獄，誰入地獄」。

我們還注意到，佛經中，常用：無、非、不；A非A，這樣的格式、邏輯。這裡所提的，其實是：否定遮詮；雙譴雙非的格式。有一回，毛澤東見到趙樸初（大陸有名的佛界人士），就問候說：「你是趙樸初非趙樸初。」趙回答：「我非趙樸初。」其實，其意涵就是辯證法的核心：對立與統一。佛經裡是充滿了辯證法的，其中不乏對立統一的概念。只是，其中往往不能堅持這個思維，而混淆了主體和客體的對立性，陷入了唯心的窠臼。禪宗的發展，在某個意義上，注入了更多的唯物思維，也因此，後來它的發展幾乎到了否定「佛教」的作用──源於佛教，而否定佛教。

前段時候，臺灣聖嚴法師圓寂。他生前有言：「本來無我，故生死無忌（大意）。」這個思想和唯物主義者是一致的。人之有「我」的意識，得有個物質基礎──身體的細胞等（物質先於意識；存在了乃有意識；物質是第一性。）。如果沒有了這個物質基礎（生前、死後），也就無「我」了。故言：「本來無我。」因為，身體是細胞的物質的聚合，有始也有終，乃自然之現象（沒有永恆不變的事物）。

明白了這個事實，也就知死之必然，故無忌生死。這是一個唯物主義者的態度。毛澤東有言：「一個徹底的唯物主義者，是無所畏懼的。也就無忌（懼）於生死了。」（自然，不能理解為，不怕死而做傷天害理之事。）

我經常和信教的朋友說，你們能「入」得了宗教，如也能「出」得了宗教，境界豈不更高?! 有了「入教」的經歷，再有「出教」的經歷，人生的感悟一定是更深的！

2013年8月

少一些占有、多一些欣賞

　　有謂：「什麼東西都有個底，只有人心是沒有底的。」誠然，人的欲望可以是無窮的。沒有節制的欲望就造成了世界多少的罪惡之源。其實，一個人所能占有的是很有限的，但是多少人並不這樣看。食衣住行，一個人的胃是有限的大小，能吃多少呢？然而，他要吃的所謂的好，整天花天酒地，古怪的野味（其實最受汙染的）；一個人的身體也就那麼大，你能穿多少呢？幾十件、幾百件也不嫌多，總要與人不同；住也類似，你能住多大的房子，多好的房子？要個幾十套，能住那麼多房子嗎？行呢？除了再好的車子，乃至私人的飛機，你又能使用多少行的工具呢？而開車呢，也要各種名牌的，各種檔次的，不單是作為行的角度看待的，而更多的是為了炫耀自己與他人的不同。哎！一個人到了這份上，並不是把自己的一身看作是自己，而是把自己的一身看作是一個可以使用、玩樂、玩弄的外在工具了。我從小到大，就看過不少的人，縱容酒色，不把自己的身體看作是自己，而當成是一個任自己縱容的工具，結果，沒多大年紀，就因此得了胃癌什麼的，早早離開了人世，死了，毀滅了，化為烏有了。我也聽到過人們說，有錢人有有錢人的死法。真的是如此，多少有錢的花花公子、少爺不是死在飆著好車時，亡

235

命的？美國過去有名的總統John Kennedy的唯一兒子，就是在開著
自己的私人飛機，而和他的太太一起共赴黃泉的，他的一家如果只
是普通的一家，會有這樣的死法否？

我說這些的意思是，一個人固然能有無限的欲望，可以想要那
麼多的東西，他其實能有那麼大的能耐，真的能占有、享受那麼多
的，他所能想像到的事物（欲望）嗎？這其實是不可能的！天下固
然美好的事物是無窮的多，其實，你真的需要占有、擁有的，只能
是很少很少的一小份而已！

因此，對於天下美好的事物，我們得多擺正自己和這些美好事
物的關係，少一些占有、擁有的欲望和想法，而能多一份欣賞的心
態。我們得瞭解到，世上很多美好的事物，並不是我們需要的，自
然也不是我們能占有、擁有的！

天下人熙熙攘攘，有為名的，有為利的。這些名和利，千差萬
別，紛紛擾擾。每個人得結合自己的實際，瞭解自己實實在在要求
的名和利，而有所追求，也有所不追求。我常和學生們說，人在一
生中，一是：切莫以當下的社會時髦價值取向，作為自己的追求；
二是：切莫以他人的追求標準作為自己的追求，不然，你的一生總
會是處在痛苦的過程中。當下的社會時髦價值取向是隨時間而會有
變化的，你若以其為追求的目標，那你一輩子只能如在大海中，渺
渺茫茫，漂著無定。每個人的情況都有所不同，你更是不能事事和
他人比，什麼方面都要不比他人差，別人有的，你也要有，那你最
後只能是喪失了自己。

幾年前，我回到臺灣，臺灣的朋友邀我去臺北的101大樓的頂
樓參觀，那時已不早了，遊客很少，但是頂層賣紅珊瑚的店鋪還開

著。我就問服務小姐說：「都沒人了，你們還不關門下班呢？」那小姐就和我閒聊說：「我們還等著最後一批陸客的光臨呢！」我問她：「這些紅珊瑚確實是很好看，很漂亮，但是一個要幾萬，幾十萬的，有人買嗎？」小姐說：「有啊！我們的生意好得很，陸客出手闊綽呢。」我反問她：「這麼漂亮的紅珊瑚，你買嗎？」這小姐說：「我不買，我以前做空中小姐，去了世界很多地方，我不要把錢花在這上面。」她接著說：「先生你知道，臺灣人過去剛有錢時，也一樣，到處喜歡買東西，心態就是，對於美好的東西，總有想占有的欲望。現在，臺灣人慢慢變了，變得不那麼想占有了。反而是剛剛才富有起來的大陸人，占有欲才強呢。」這小姐，年紀輕輕的，能如此深入地看透世事，也確實很難得的。

　　如何擺正自我和外面世界的關係，也就是人們常說的，對待人生的態度問題，是需要慎思、明辨和篤行的。超出了常理，超出了尺度，往往就是禍害的到來。一個人的欲望超出了極限，就是病了，就是不正常了，就如同抽上鴉片，不能自制，也就走上了毀滅的道路了。兩岸都有的一些貪官，所貪之財動輒幾億元，他真要得了這些錢嗎？我看他們是病了，而且病的很深。而這些貪腐的家庭，大約也如古人所說的：「家大、業大，子孫禍也大！」反觀國外一些因為自己的努力，加上時運而擁有巨額財富的人，多把這些財富捐回給社會，做為公益的事業。

　　人們還是得回歸人類的本來自我，人們不需要占有那麼多世間的資源，多過一種簡單的生活。對於世間無數美好的事物，我們得能多一份能欣賞的心，而少一份想占有的欲望。人類社會發展到今天，很多商品的生產不是真為了人們的需求，而是為了利潤，也為

了利潤而誘發本來不具有的需求。我想，將來最令人嚮往的就是好的環境。一個是：內部非常漂亮的房子，而周遭卻是黑煙滾滾，垃圾隨處；另一個是：內部很簡樸，而其周遭的空氣、環境都很好的房子。你說，你要哪個呢?!

　　蘇東坡的赤壁賦說：「且夫天地之間，物各有主。苟非吾之所有，雖一毫而莫取。唯江上之清風與山間之明月，耳得之而為聲，目遇之而成色，取之無禁，用之不竭，是造物者之無盡藏也，而吾與子之所共適。」此話信然！我們要學會「共適」，對身外之物，要少一些「占有」，多一些「欣賞」。

2015年9月

視野和境界

　　《史記‧貨殖列傳》:「天下熙熙,皆為利來;天下攘攘,皆為利往。」誠然,天下人所忙碌的多半為這「利」字。然而,為了利的層次,則有高有低,低層次的,為的就是一口飯,求一溫飽,而高層次的,就沒有限度了。高層次的所求,往往就不是單純的利,而是和「權」糾纏在一起。其實一個人所需「食衣住行」的消耗,也是很有限的,而那些追求無止境利益的人們,更多的是為了權。(當然,也有心理上一種無以言明的占有欲所致。)除了利之外,「名」也位列人們熱衷追求的首選之一,特別是在知識分子中。有些人為了名,而毫無忌憚地肆意妄為,可謂屢屢皆是。除了「名和利」之外,是否還有其他更為重要的,關乎人們安身立命的東西呢?這就要看,人們所能看到的層次,或說他的視野了。視野低的人,只能看到名和利,視野高的人,則所見會有所不同。

　　戰國策中關於馮諼替孟嘗君買「義」的事情,最具典型性。話說,作為一方之主的孟嘗君原本是要他底下的食客馮諼去收取他在薛地,老百姓所欠債契的「利」的,但是馮諼考慮到如孟嘗君這樣的人,不缺錢,也不缺名,倒是缺了一個「義」字。有了「義」,孟嘗君在紛亂的時代,就可以安穩了。於是,當馮諼到了該收債契的

地方時，反倒把那些人手中的債契都給收繳，燒了，免了他們所欠的債。這些被免除了債契的人們，自然對孟嘗君感恩戴德。這個馮諼替孟嘗君所買下的「義」，果然在後來孟嘗君落難時，因他能得到當地人們的接納，逃過一劫，發揮了作用。這個故事要告訴人們的是，名和利，不是絕對的萬能，名和利也不是世間所有的一切，人們應該（可以）跳出這個障礙，把視野看得更大、更高、更廣。易言之，人們應該學會擁有更高的境界來明瞭自己所缺少的東西，乃至從更高的視角來看待紛擾世間的種種。

不可否認的是，歷史上的失敗者，往往是因錯估形勢而導致失敗。失敗者之所以會錯估形勢，則和他的視野有關。舉一個大家都熟悉的歷史事件。西安事變後，張學良隨蔣介石到南京，表示忤逆之悔。然而，蔣則關了張幾乎一輩子。蔣所見之境界層次，大約就是個人之怨仇而已。抗戰勝利後，國民黨元老張群曾給蔣出主意，讓張學良回東北，以穩住東北局面，對抗共產黨。然而，蔣拒絕了，他還是要關張。後來的局面大家知道了，共產黨一旦在東北取得優勢，整個局勢對蔣就大大不利了。晚年，張學良曾這樣評述蔣介石：抗戰勝利後，按照當時中國在世界上的局面，蔣是有做世界領袖（之一）的環境條件，然而，蔣個人卻沒有這樣的素養條件，結果他失敗了。毛澤東對待政敵的態度就不同。國民黨從大陸失敗後，一些國民黨的將領成了共產黨的階下囚。這些人，早些的在50年代，就給放了，最晚的一批則是在1975年給放的，這時毛澤東也到了人生的終點。毛澤東一輩子和國民黨蔣介石鬥，在快離開世間時，把一生的恩怨都一筆勾銷，這就是毛澤東的心態。對比之下，張學良在蔣介石去世後的多年，才得到自由。和蔣不同的是，

毛看對手乃是世間環境的產物，革命的目的，是為了改變中國，為了救中國，而不是為了報私仇。也因此，他主張，革命的對手，作為個人，不應簡單地消滅他（固然，對手所代表的勢力是要被推翻的。），而是可以改造，爭取過來的。

瞎子摸象的故事也很合適用來比喻視角、境界層次高低之所見的不同：視角、層次低者，只能看到象若樹（腳）、若管子（鼻子）。你也不能說他所見為錯，但畢竟只是局部的，不是完整的。臺灣不少人一段時間以來，熱衷於「美化」日本對於臺灣的統治。如何看待日本對臺灣的統治，也類似有：視角、層次低者的所見為：日本在臺灣有建設水庫、工廠等，日本人（公務人員、老師），做事一絲不苟，更不貪汙。這些，都是對的。而高視角、層次者所見的則為：日本在臺灣是殖民的統治，早期是武力鎮壓，殺了不少臺灣人，大肆掠奪臺灣的資源，視臺灣人為二等人，是侵略的、法西斯的帝國主義國家。很關鍵的是，我們不拘泥於對個別事物、事件（如建水庫，普及初等教育）的肯定與否定；而在於是否能從歷史的高度，全面地來看待日本對臺灣統治的本質。這才是問題的核心。

說到境界，不僅如上所言關於歷史政治的方面，在人們日常生活中，所謂的「美」也是一樣的。世俗一般之人多注重表面之美，甚且在商業的炒作下，追逐各種名牌產品，以之為美。但這卻往往成了年輕人的枷鎖，深陷其中而不可自拔。佛教中說「芸芸眾生」大抵也是這個意思，人們因視野低窄，而在追求各種無謂的名利場中，受盡苦難。

自然，美也有各種的境界。從山川之美，到各種繪畫藝術之美，大抵也體現了不同境界的美。這些似乎都容易為人們所熟悉瞭

241

解。而更為抽象之美，例如數學、物理中所體現的思維之縝密，以及數學物理定律之美，則就較難為一般人所明白和欣賞的，但確實是體現了一種意境之美的。我也喜歡書法，我以為評論書法，主要是，一是脫俗、二是追求境界。

因此，我們得經常提醒自己，呼喚自己，不和一般人一般的見識。這樣說，不是孤芳自賞，也不是曲高和寡，而是訓練、培養自己一種更為從容和有定力的心態，不簡單地陷入世俗中那些表面的，不能長久的時髦，乃至紛擾的窠臼中去，而能更早些看到那些合乎自己的性向，從而認定值得自己去追求的東西。簡而言之，就是追求脫俗，追求更高的視野和境界。這也應是我們上學，接受高等教育的目的所在。

2015 年 11 月

生活篇

談取名字

　　人之有名，是很久了。很古的年代，只有貴族才有姓，一般的平民百姓，只有名，而無姓。人的名字，主要當然是用於辨別彼此，自然，隨著社會文化的發展，給小孩取名時，也附帶來對孩子的一種期待和祝福，所以取的名字多附有吉祥的字眼。古代的人，一般都是單名的，那時的人，都還有字、號。字和號是到成年時才取的，一般字、號則取對名的注解。如李白，姓李，名白，字太白。孫中山，名文，字公武。單名其實是不好稱呼的，所以小孩有時還有取所謂的乳名。成年後，有了字、號，一般就稱呼字、號了，而不稱名，這也是一種尊稱。辛亥革命以後，字、號基本消失不用了，只剩有姓和名。從使用方便的角度說，因為中國人的姓，基本都是單姓，所以名一般還是取雙字的為多。

　　中國人對於姓是很看重的，姓是一個家族的標誌，一個人的榮辱，影響到一個家族，乃至對姓的榮辱。因此，歷來人們是不會改姓的，除非是過繼給別人家，招贅到女方，但這往往也是迫於無可奈何的環境。一個人改了姓，往往被認為是屈辱（於祖先）的一個事情。

　　中國文化的發源早，至晚到了漢朝，一般的人都有了姓。反

而，日本的平民直到了明治維新以後，才有了姓，而那些姓，也都是隨意取的，照中國人的標準，是沒什麼文化的，一個人的姓名裡，居然有「犬」、「龜」等字。話說日本人統治臺灣時期，臺灣人也是堅決不改為日本人的姓，國土可以淪喪，祖宗的姓是萬萬改不得的。直到了日本快戰敗的末期，日本人為了籠絡臺灣人，才號召有所謂的「國語家庭」，一個家庭裡的成員不僅說日語，甚且把姓把名，也都改為日本的姓和名。當然，這樣的「國語家庭」也會得到好處，會得到日本當局的表揚不說，戰時生活艱苦，也會得到一些生活方面的好處。一些沒有氣節的士紳（自然也有一些是迫於環境的無奈，如校長等。），就這樣改為日本人的姓和名了。但是，他們也為一般臺灣人所不齒。我父親生活過那個年代，我的兩位哥哥也出生在那個時期，我父親以後曾經和我們說過，他給我們兄弟取的名都有個「國」字，就是表示他永遠不當日本人的。這應是日據時期，一般普通平民百姓，很真實，很純樸的內心世界的感情。

而在大陸上，辛亥革命以後，很多熱血青年突破了封建的桎梏，參加了革命，也把帶有封建意味的名給改了。不僅如此，因為亡命天涯，為了保命，很多人把姓也給改了。這個現象在共產黨裡，相當普遍。臺灣「二二八事件」以後，很多青年逃難到大陸，也都改名改姓了。但是，他們的小孩，不少還是保留了自己原來的姓。不知情的人，往往困惑於，為何父子、父女不同姓呢？多年以後，兩岸三通開放了，這些人雖然在臺灣還有戶籍，但是因為在大陸改了姓名，要證明確是某某本人，也還得費一番功夫。

1949年大陸迎來了新的時代，這也反映到取名上。具有時代特徵的用詞也紛紛成了小孩的名。我就見過有人叫「抗美」、「躍進」、

「文革」的，還有叫「二七」（二七大罷工），叫「三八」（三八婦女節）的。我不知道，像叫「三八」這樣的人，到了兩岸三通自由行的今天，她到了臺灣會否感到很不自在呢?! 社會上的男女平等，也反映到小孩的姓上來了。小孩可以從父姓也可以從母姓，結果是，一個家庭裡小孩們的姓也不同，這不僅是麻煩，也讓人糊塗了！我想，這樣的「平等」也是要不得的。也不知道從何時開始，特別是在北方，流行給小孩取單名。因為，中國人的姓，最多也不過幾百幾千，而取的名又侷限在一些具有「革命」意義的詞彙上，這樣，就造成了很多人同名同姓。到兒童醫院看病的小孩居然有上百個的姓名完全一樣，發藥都出現錯誤，也真是危險！還有一種傾向，就是按詞彙，就姓取名。例如，姓滿的，就取為「滿意」，姓陳的，就取「陳本」（成本），姓劉的，就取「劉洋」（留洋），姓索的，就取叫「索拉納」（像是老外了），甚至還有叫「胡來」的。還有取和姓同音的，如「劉瀏」。也有取一些僻字，難寫的字為名，旁人都不知道如何寫，如何唸的。這些，且不論如何，給小孩的一生造成的困擾和不便的，恐怕是多於方便的。這些單名的小孩，將來長大了，如果出洋留學的話，還會遇到一個困擾，因為老外的習慣是名放於姓前，單名的人，往往讓老外搞糊塗了，把名當成了姓，鬧出很多不便的事情來。我經常見有生小孩的家長，也給將來會有家庭小孩的學生們說這些閒話，給小孩取名，得多用心啊！

　　這些年來，在臺灣，也在大陸開始流行取洋名。取洋名，就生活在海外的人，還有些道理，因為漢字是單音節的發音，所以外國人一般不好發音，他們是多音節的。但是，老外的名是（很）有限的，都是來源於宗教的名，而老外的姓卻是多於牛毛，反差於我們

有限的姓。我在美國留學多年，就幾乎沒有見過兩個美國人的姓是相同的，而屢屢是有同名的。中國人如果取了洋名，用的還是原來的姓，這樣，就很容易是同名同姓了。我有不少朋友在海外，我就和他們說，大家之間，就不要用洋名了，否則，我身邊就有不下十個以上的 John Chen。你說，在通網路的時候，我如何知道誰是誰呢？也因此，不論是臺灣人的圈子，大陸人的圈子，還是海峽兩岸之間的圈子，實在是沒有必要取洋名，用洋名的。時代不同了，過去取洋名，多少表明你有更廣泛的海外社會聯繫，或什麼高人一等的味道，現在不論臺灣的人，還是大陸的人在世界各地，都還是站立有底氣的，我們就用我們的本姓本名（中文拼音）是完全可以的。

2014年8月

凡事要有基本常識

我聽過一個說法，講的是，杜魯門總統說他不怎麼相信所謂的專家，他以為處理事情，往往靠的是常識，就足夠了。這話可能有些誇張，但也說明一個事實，看問題，想問題，憑直覺的常識還是很重要的。我平日給學生講物理課，經常強調要有「常識感、直截感」，即所謂再高深的理論，如果和常識不合，則得想一想，不要被貌是「高深」和「權威」的名稱、頭銜給唬了。

現在的高中教育階段，就把文理分了班，這是很不妥當的做法。不論將來學習的是文科，還是理科，基本的社會知識、科學知識是不可或缺的。現在社會上，經常有各種治療藥、保健藥宣傳的就說是具有甚麼物理、化學的效應，然而，這些宣傳所謂的物理、化學效應，採用的手法往往就是唬人的物理和化學詞彙。我想，如果我們的科學教育能夠更為普及，把當今的科學發展的基本概念和成果，能夠成為一般人（不論他是學文學理出身的）的基本常識，則這些有悖科學的說法、宣傳當不會再起作用。這個現象，從一個角度言，說明我們的社會確實需要大力提倡科學常識的普及。現在人們興學佛理，這本是好事，然而，也由於一些從事推廣這事業人們缺乏基本的科學、社會常識，把原本無相關的一些事情，如物理

化學詞彙，也往佛理上張貼，把事情弄得不三不四。這種缺乏常識的做法，不僅無益，反而有害於佛學的傳播，所謂「愈愛之，而反害之」。社會上的一些騙子也利用人們的貪心，把人們最起碼的生活常識給蒙蔽了，所以我們經常看到一些受過良好教育的人，居然也被騙得相當離奇的案件。

現在兩岸關係發展算是平和。然而，我們不健忘的話，應還可記得，就在兩岸直航前，臺灣就有一些人反對直航，其理由是，大陸的軍人可以乘著民航機直接來到臺灣。這話算是相當無知，有悖常識的，然而，在臺灣，就是有人在說，而且還有人在相信。再說，現在臺灣有不少人反對兩岸的《海峽兩岸服務貿易協議》，理由各式各樣，其中，就有以為協議一簽，大陸的勞工將大批地湧往臺灣。這是沒有常識的說法，但就是有人在說、在相信。中國甲午戰敗，被迫割讓臺灣給日本。日本對臺灣五十年的統治，其本質為殖民統治，進行經濟的掠奪。在這五十年間，會有一些建設，例如水壩（庫）等，並且社會的生產力也會有所提高，這是自然的，不足為奇的！然而日本對於臺灣的統治，其本質則還是殖民的統治，經濟的掠奪，這也是不會改變的。現在，臺灣居然為這些殖民者的一些建設，大為美譽讚揚和感謝，實在有失自己被殖民者的立場，完全是沒有常識的做法，令人不可理喻！同樣的，臺北市居然有人也去紀念日本開始對臺灣的殖民統治，則不止於是沒有常識的做法了！

缺乏常識的事情，不僅在臺灣，就在大陸也不是沒有的。遠一點的事情，就在80年代，大陸掀起一股「公司風」，大有不分張三李四，都在辦公司。我當時就和學生們說，這是不正常的，哪有一個社會，不分青紅皂白，人人都想辦公司呢？學生問我，何以見

得。我的回答是，常識告訴我，這是不正常的。果然，一陣風後，
大批的所謂公司紛紛倒閉。現在，大陸上，提倡改革創新，其目的
本在推動社會就不合時宜的事情進行改革，以推動社會的進步，激
發社會的活力。然而，如果我們細加觀察，就不難發現，一些人是
披著改革創新的名目，幹著違反常識的事情，乃至不法的勾當。用
常識來觀察，很多所謂的「創新」、「改革」其實只是國王的「新衣」。

　　沒有常識，就是沒有常識．不要被它的假象給唬了。同時，我
也經常強調不論寫什麼文章，講什麼話，一定要講求邏輯和常識。
為了提高整個社會的素養，看來大力提倡基本的常識還是很迫切和
需要的！

2015年1月

談提高工作的效率

　　只要你細心觀察，不難發覺有些人似乎很忙碌，但成效不大，而有些人似乎也沒做什麼，就把事情安排、做得很好，很有效率。確實，事倍功半和事半功倍是兩種不同的工作效率。如何提高工作的效率不是天生就會的，是需要學習的。

　　家庭教育影響著一個人的生活習慣，以致一個人的做事方式，無疑是巨大的。在大學裡，我們可以遇到來自各地方，出自不同家庭的同學，這是一個很好互相借鑑、學習的場合。首先，我們得客觀地承認，不論父母如何地為他們的孩子創造如何好的成長環境，每個家庭的教育總有其偏限，乃至不足之處。有了這樣的平常之心，我們就容易接受別的同學好的做事方式和習慣，並且能學習到自己過去不曾有過的，好的生活習慣和做事的方式。這樣，自然也能改進自己過去不好的、不良的以及不足的缺點。一個學生，如果初入大學時是一個樣子，等到了畢業的時候，還是同一個樣子，不論生活上，還是做事的習慣方法上，都還是老的一套模式，沒有改變，那我以為他的大學生活就可惜了，幾乎白過了。反之，如果一個學生，在大學裡，能認真觀察同學們的各種優點，以補自己之短，使得自己在為人處事、做事等方面，都有了大的變化，則他的

大學生活必然是很有收穫的。

一個人的生活習慣，影響到一個人的生活品質，乃至做事的效率。所以，我以為要提高做事的效率，其根本在於良好生活習慣的養成。一個人，如果他經常丟三落四，就得時常找丟失的東西，這樣他做事還能有效率嗎？恐怕他的事情是越做越多了。以下，我就我經常給我的學生們建議的一些寫下，這些也是我的學生們經常少有的一些習慣：

首先，對重要的事情，要留出足夠的時間來完成它，並做充足的準備工作去完成它。對於重要的事情，不能認為一定能順利地，沒有困難地，就能完成。得把困難的可能性考慮進去，多設想各種可能的困難，以及有所應對的準備。這樣，做事情，就不慌不亂，留有餘地了。

其次是，做事情時，可以把事情分為若干個時間段，按時來完成它。這樣，就有條不亂，做事有節奏，完成事情的品質也就高了。為此，把自己的手錶（或手機等的時鐘）撥快五分鐘，會是一個有效的，調整時序的好辦法。在日常生活、工作的安排中，可以大體把這段時間、這個月、這個星期，乃至這幾天、明天、今天要完成哪些，心中做個規劃。這樣事前有籌劃，有安排，也是提高工作效率的一個好的習慣。

外出買東西，或外出旅行時，要買、要帶的東西多，要辦的事情也多。這時可以把所要買、帶、辦的事項都羅列在一張紙上，到時一件件對照，就不會有何遺漏了。我經常外出開會旅行，我就有一個外出旅行必帶的清單表，這樣，每次外出，我不用多想，按所列清單準備所需要帶的，就不會有何遺漏了。外出住宿旅館時，

也忌諱把隨帶的東西，這邊一放，那邊一放，這樣，最容易走時，丟失東西了。在旅館中，我一般都把隨身所帶的東西，放在一個小範圍的地方，這樣，走時把東西一收拾，就不會忘帶了。在家時，放置東西，也可以按類別歸類，把東西放在較集中的一個地方，這樣，即便要找東西，也有個範圍。還有一個原則，就是東西要能放置在固定的地方，用它後，也最好能一次歸回定位（忌想下次再放回）。總之，這樣，可以避免找東西的煩惱。外出時，也忌諱將小件東西隨手拿著，這樣，最容易因為隨手再去拿其他東西，而把原本拿在手中的東西，給丟失了。外出時，坐車、在餐廳吃飯時，還忌諱把東西放在身子背後的椅子上，如此，最容易走時，把東西給忘了。一個好的規則是，外出時，心中默記帶了幾件包包東西，一路上，提醒自己，帶著幾件，這樣，也能有效避免丟落東西。我日常大體能按上述的規則處理事情，這樣，我就很少丟東西，也很少為找東西而煩惱。有了這個基礎，日常做起事情來，效率也就提高了。

現在人們的日常生活幾乎離不開電腦和手機，它們固然可以提高我們的工作效率，然而我也懷疑是否真的必要如此地依賴於它們。我想，我們還得經常提醒自己，過度的依賴於電腦和手機，過猶不及，反而影響到我們做事的效率的可能性。一些人幾乎「迷失」於電腦，變成手機的「低頭族」，可能就最影響他們做事的效率了。在空閒的時候，散散步，讓腦子休息，或思考一些問題，靜化沉澱一下自己，反而是提高做事效率的有效方法呢！

就一個團體而言，要做到有效率，就得要求其成員，有對「上下左右」的概念。即，每個成員，都能將自己工作的情況，保持和「左右」成員的溝通，讓他們知曉；而對於自己的「上」屬成員，也

能隨時讓其瞭解你對他的交代的事情，辦理得如何了；同時，對於自己的下屬，得能把自己的意圖，希望下屬如何完成工作，和下屬做好完全的溝通，讓其明瞭。一個團體中的成員，都能保持這樣的溝通和協作，則這個團體，必然運作有方，有效率。

　　生活的方式，做事的習慣，因人而異，本無一個統一的標準，但就如何提高工作效率言，還是有一些共同的通式和原則的。如何經常為自己總結經驗，改進、優化做事的過程，同時，還能從他人處學習得好的方式和習慣，則也是個人素養的一個組成部分。

2015年2月

附 篇

我的臺灣地下黨經歷

劉青石／口述　吳國禎／整理

　　我叫劉英昌，是臺灣八堵人。日據時代，少年時期，我在臺北工業學校（以後的臺北工專，現在的臺北科技大學）念書。我的父親被日本憲兵抓過。我那時已有很強的民族意識。那時，我還有好友唐志堂，大家都有民族意識，想回大陸參加抗日。當時，謝娥在臺北醫院當外科醫生，是個有名望的人。謝本人留日，東京女子大學畢業。她也有回大陸參加抗日的想法。我也因此經友人謝賢益介紹和謝娥認識。當時，大家一夥的還有陳炳基、郭宗清（以後李登輝時代，當過臺灣駐南美烏拉圭的大使。）、黃雨生、傅賴會等。傅是我最要好的工校同學，他的民族意識很強。以後他參加了地下黨，被捕後，在綠島被關了十五年。謝娥說大家想抗日，就勸唐志堂和我先去大陸。這個事情以後被暴露了，大家被抓入牢。他們年紀較輕，被關了些時候就放了出來。唐志堂、謝娥和我則被關了一年多，直至日本戰敗，投降後，才被放了出來。

　　臺灣光復後，一些臺灣日據時代的老臺共人士紛紛活躍起來。他們有林日高、潘欽信、蕭來福、王萬得、謝雪紅，還有社會名流陳逸松等。他們組織了「三民主義青年團」，想用合法的形式團結臺灣青年。謝娥和林日高就勸唐志堂、李蒼降（李友邦的侄子）和我

259

參加。我和唐就參加了其中的社會服務股（組）。當時陳逸松任主任，潘欽信任書記，林日高任組織股長，陳招治任婦女股股長。

　　1947年的二二八事件的前兆是發生在1946年12月14日，臺北的聲援澀谷事件的示威活動。在這個事件中，陳炳基寫宣傳稿，是日文的（中文稿由三青團新任股長莊某寫的），並發動大學生。我則負責發動中學生、青年團這些人，並主持大會，帶領遊行隊伍，聲援活動搞了一天，轟轟烈烈。期間，我們因為缺乏印刷紙張，還和蔣渭川聯繫，請他支持，事後才發覺是被蔣給利用了。蔣雖也參加活動，但他為的是搞他的政治資本。整個活動過程中，國民黨的憲兵司令張慕陶也參加，當然，他是埋伏來探虛實的。以後，李友邦就告訴我們張某已準備對我們下手逮捕，讓我們快躲起來。我就借著我大哥劉英芳的生意圈，往上海跑單幫，躲了起來。到了上海，在臺灣同鄉會見到吳克泰。當時，吳已參加臺灣地下黨。吳克泰以後自然（可能）也會向臺灣地下黨的總負責人蔡孝乾（本名蔡乾，代名陳照實）報告我們這些積極活躍分子的情況。二二八事件後的第二天，在臺北大稻埕，我見到吳克泰、陳炳基和葉紀東等人。二二八事件以後，吳克泰讓我見了蔡孝乾。以後，我在八堵入了地下黨。入黨時，就口頭說了算數，也沒有書面文字材料等的。在地下黨裡，我就以做生意，跑單幫商人的身分做掩護，與蔡孝乾保持單線聯繫，當交通員，負責臺灣地下黨和中共華東局的聯繫，包括文書的傳遞，活動資金的轉移等。以後才有了曾來發（曾是中共新四軍戰士）充當我與蔡之間的聯繫。

　　二二八事件後的冬天，蔡孝乾叫我去香港和廖文毅接觸。當時，廖和潘欽信、蕭來福等人在香港辦學習班，有田進添、盧哲德

等地下黨人在那兒學習。當時，廖已公開搞臺獨，他需要有人幫著走私到日本。廖就託劉新屋找走私船。劉新屋也是地下黨，是我的堂哥，當時已加入民盟，職業是記者。劉就告訴了我這事。蔡孝乾知道這事後，認為可以利用，就讓我假裝是廖在臺灣的幕僚叫陳纂地派來和廖接觸，說是搞武裝需要經費，請他支援。但，廖只給了我一點錢，我就回臺灣了。以後，我聽說廖文毅找了一個叫宋非我的搞走私，而宋卻也是地下黨。

1948年，我和我的二哥劉英烈在花蓮開了個金沙礦。這事緣起於之前，我受組織委派從上海帶了幾個臺灣山地人回臺灣，這些山地人都是被國民黨抓來當兵，流落的。回到臺灣以後，陳炳基和田進添來找我，說是他們暴露了身分，很危險，要找我躲起來。我和蔡孝乾是單線聯繫，不能叫他們和蔡聯繫，但我也不能見危不救。於是，我就同蔡孝乾提議在花蓮有個日本人走後，荒廢的金沙礦，可以利用起來躲藏我們的同志。蔡也同意這樣的想法，並說這以後可以作為基地，讓不能公開活動的同志在當地，以工人的身分隱藏起來，以後伺機還可以開展山地人的工作。此可謂一舉三得。於是，劉英烈、他的朋友和我一起出資，幹了起來。我的身分是經理。金沙礦廠的黨組織工作由李友邦的侄子李蒼降主持。這事以後在1954年9月，由於田進添的被捕，被暴露了。在花蓮，有關的同志就被捕，一些人就犧牲了。

當時整個情勢發展很快，人民的革命戰爭如烈火般地燃燒著行將就木的蔣家王朝。國民黨的特務們在飄搖的風雨中，也是各懷自己的打算。然而，在這時，就助長了輕敵的思潮。基隆中學竟然在校園裡唱起了共產黨的歌（校長是鍾浩東，也是地下黨，以後犧牲

了。鍾和臺灣著名作家鍾理和是兄弟。）。

　　1949年的6、7月間，經我介紹，蔡允准、劉英德（我四哥）、吳義雄入了黨。在郭琇琮（時任臺北衛生局處長，地下黨的市委書記，臺大畢業，以後犧牲了。）的監視下，成立三人特別小組，並在基隆開設三榮貿易行，以為掩護（劉負責經營，吳當助理，我則負責保密。）。劉英德、吳義雄對基隆到沖繩、日本、舟山的沈家門一帶的走私路線很熟悉，並和形形色色的人有著各種關係，包括一些國民黨的（軍）人。1949年8月的上海已經解放了，蔡孝乾就讓我來大陸接受任務。我帶著吳義雄，扮著做罐頭生意人的模樣，坐著漁船，來到當時正面臨解放軍進攻的舟山。在沈家門港下船時，看到檢查人員在監視和檢查每一個旅客及其行李，情勢非常嚴峻，緊張。沒想到，此時我用藥水寫的，作為包裝點心盒紙的文件在太陽的曝晒下，隱約現了形。在情急之下，我就託旁邊的商人說我帶不動了，請他幫忙。我並上前主動打開包裝紙給檢查人員看，這樣才化險為夷。我們到了舟山後，也是看一步，走一步。在舟山，一些走私商人對我們說，鳳梨罐頭在上海的賣價最好。我們就依了他們的意見，坐著漁船，帶上從臺灣運來的罐頭，到了上海。以後，我就這樣往來大陸、臺灣，傳遞文件和指示。當時情況很混亂，在海上經常遇到海盜的襲擊。我還和蔡孝乾說，萬一情勢有危險，就可以走這條走私路線，離開臺灣。這時，蔡讓我來大陸向組織提要求：給錢、船和武器。我到了上海，見了劉曉（華東局的領導還有饒漱石，曾山）。在華東局的一次會上，我還第一次見了蘇新。記得，離開臺灣時，蔡還叮嚀我在大陸，避免見臺灣人，以防暴露。當時，上海已經解放，我感到很陌生，也就不得不去找我原來的聯

絡人李偉光(也是臺灣人,是日據時期,臺灣文化協會的成員,也是華東局與臺灣地下黨的連絡人。)。關於蔡孝乾所提的請求,在上海時,組織上就給了我兩萬美元,以為臺灣地下黨的活動經費。當時,這兩萬美元也不算個小數目,但從臺灣整個地下黨的活動來說,就顯得很齷齪了。以後,蔡對此也很不滿意。至於其他要求,劉曉說他不能決定。我們就一起北上,來到北京,聽候指示。過幾天,我就到現在的北京飯店接受指示說:「福建的解放,已使得臺灣的解放成為可能。臺灣地下黨的任務就是要保護好國家財產,不受損失,維護好社會治安。解放後,臺灣的政治主要由大陸去的同志來主持。」這後一條,當局者可能事後也覺得不合適,在第二天的指示會上就又取消了。以後,我回臺灣後,也向蔡說了這個事的前後的不同。蔡參加過長征(內政部長),是延安幹部,對此會不滿意,是自然的。離開北京後,我就去了天津,找了潘漢年。他送我上了船,經香港,我就又回到了臺灣。然而,一場腥風血雨,就等著我們。

　　我回臺灣後的秋天(1950年),9到10月間,蔡孝乾讓一個外號叫「美國林」(長相像西方人)的林秋興帶著劉英德弄到的海圖等,到香港,交給組織。蔡不讓我執行這個任務的說法是,這時風聲緊,林的親戚是憲兵,會保護林上船。結果,林被他的親戚出賣,他一到碼頭,就被捕了。這消息很快傳到蔡孝乾。蔡就叫林的連絡人郭琇琮趕快跑。蔡也叫我快離開臺灣,去香港,以後能回臺就回來,不然就找組織,赴解放區。我到香港找到了香港組織的負責人萬金光,以及臺灣人林良材(也是地下黨)。我在香港住了一個月。一天,萬讓我給我妻子寫封信,轉蔡孝乾,內容說是介紹朱(湛之)

小姐去見他，目的是和國民黨國防部次長（相當於副部長）吳石聯繫。和吳石聯繫是為著日後有情況時，地下黨可以有個接應，例如武器、彈藥的奪取。信寄出不久，萬就找我說，臺灣地下黨發生了情況。以後，我才知道當時地下黨的第二把手張志忠已被捕了。張是一個了不起的人，他以後犧牲了。當時的組織在一些事情上，還是很有效率的。張志忠被捕一事，香港的組織很快就知道了，這時蔡孝乾在臺灣還不知道事情的發生。他還讓曾來發找張，帶去我從上海帶回來的款項時，曾來發就被捕了。前面提到的朱小姐是大陸人，她和吳石接觸後，就取道舟山回上海。然而，她就在舟山被捕了。她被捕後，自殺未果，以後也犧牲了。以後，隨著地下黨的被破壞，吳石和他所聯繫策反，準備起義的七個中將都被槍決。前陣子，《參考消息》（2005年10月11日12版）載有朱湛之在南京的女兒以及臺灣的有心朋友徐宗懋先生共譜兩岸萬里尋其骨灰的感人事蹟。於是，萬金光就叫我回臺灣，在十天之內，帶著蔡孝乾離臺。萬也不勉強我回臺，他說除了我，沒有其他的人，可以替代完成這個緊急的任務。但此行是非常的危險。在這同時，香港的黨組織已掌握了國民黨特務機關專門對付地下黨的組織和成員名單。這些名單，我就記熟了，背在腦子裡。我就這樣回臺了。

　　我回臺後，聯繫了蔡孝乾，並告知他國民黨特務機關對付地下黨的組織和成員。蔡也要我準備好離臺的各種準備。我還替蔡準備好隱藏的住處等事宜。我哥哥劉英德的朋友黃才是開木材行的，在臺北淡水河邊。我看該處相當隱蔽，並且四通八達，最合適有情況時的脫逃。蔡就把他的隨身衣物放在該處，但他還是有警惕的，並不住那兒，而是隨處躲著。我另外又通過何榮全（早稻田大學畢

業，在羅東。），找好了走私船。一切都準備好了，但到了離開那日，卻久等不見蔡的到來。哪知，他已被捕了[1]。我事後才知道，蔡的被捕是因為他讓他的小姨子找吳石的妻子，想辦法離開臺灣。事情就從特務覺得，吳石的妻子為何和這個年輕女子有往來，這樣暴露的。話說回來，這時我感到情況不對，海邊密探不少。我就和妻子去圓環附近的雙連街，找了英德的朋友叫謝新傑的。我估計謝剛入黨不久，即使蔡被捕，他可能不至於馬上就有危險。哪知，我妻子一入屋，就見到特務在等著。謝本人不在，謝的妻子在。我裝著不懂北京話，要謝的妻子翻譯。特務用槍頂著我，我們只好老實地坐在屋內的床邊。這時特務看了我的身分證，知道我就是他們要逮捕的人，就立刻上了手槍的子彈。我就用日語同我妻子說，如一有情況，她就將門打開。特務就訓斥我們不能說話。一會兒，我藉口說口渴，趁謝妻端水，擋住特務視線時，我一口氣將特務壓在地

1　我以後知道，蔡這次雖然被捕，但他利用時機，在特務押著他回住處取衣物時，逃跑成功。蔡以後是在埔里又被捕的。蔡孝乾被捕前（在我從香港回來之前）的住處沒有定所，都是由張明顯（新四軍校官）經營的買賣房子的公司——華盛行給安排的。房子多半是裝修好了的日式房子，尚未賣出前，歸他住的，房子賣了，他就換一個地方住。張明顯是福州人。早期，蔡介紹過我和他認識，說是有經濟問題時可以找他。張明顯以後躲到埔里搞武裝鬥爭，被山地人出賣，被捕犧牲的，具體情況無從得知。蔡會在埔里被捕，我估計是去找張明顯的。蔡的妻子姓馬，她是蔡赴臺前在上海登廣告聘的祕書，以後結合的。蔡被捕之前，說局勢危險，就託我將他的妻子送回上海，交給組織，讓她回蘇州老家，等待解放。幾年前，聽說馬還在雲南。蔡被捕，叛變後，就和他的小姨子結了婚。結婚的喜糖還送到被捕在獄的難友手中。這當然是特務機關想瓦解人心的做法。這是一個謎：蔡為何先送馬回上海？他是早想和這個小姨子相好呢？我一直懷疑蔡不逃離臺灣，是和他戀著這個小姨子有關。

上，奪門而出。一邊跑，後面只聽著特務打我太太的叫聲。這時，
除了快跑，沒有別的辦法了。我跑入擠滿人群的巷子裡，見著人就
說，後面有人要殺我。我躲到一個也是地下黨朋友傅賴會（臺北工
業學校的同學）的家中。他的母親就讓我躲到床底下。這個朋友的
母親就走到屋外的街邊小水溝旁，佯作洗衣物。一會兒，特務追了
來，這個母親就說是有一個人跑過這裡，但已往別處跑了。這樣，
我就躲過了特務。第二天，透過我姐姐的幫忙，借了礦工的衣服，
我打扮成礦工的模樣，坐火車到了瑞芳。我找到父親的好朋友黃海
樹，經他老人家的幫忙找到我母親的遠房侄子蘇宗輝，由他帶著
我到月眉山公墓附近的草房躲了起來。 過了幾天，我才得知劉英
德、吳義雄、田進添還有吳金堂（劉英德的同學，後期入黨。）也
在逃，無處可躲。我就透過我姐姐把他們都找了過來，一起仰賴蘇
宗輝一家人的庇護。以後，我知道，我妻子被捕了，還牽連了我的
大哥劉英芳以及全家人，他們都被關了起來。不久，經我姐姐的幫
忙，我和香港的林良材通過電報，用暗語聯繫上了。我說我在臺北
他的母校的山上種地，老陳則住院，一些人都去醫院看他，暗示我
在北部的山上躲著，蔡孝乾已被捕，一些同志也受牽連被捕了。林
說很快臺灣就要解放了。後來，我想我難免不會被捕，怕到時連累
別人，就暗中與我父親取得聯繫，求他老人家想法為我弄到青酸加
里（即氰化鉀）毒藥，以為到時自殺之用。我父親只有無語地點了
頭。毒藥也一直沒弄著，顯然，這是他的苦衷罷。

　　我就這樣和幾個地下黨的朋友躲在瑞芳四腳亭附近的荒山野
外中。我們躲了有四年半。其中各種危險、困苦就不用說了。這
時，已是1954年，朝鮮戰爭已經爆發了。整個情勢讓大家都很失

望。1954年中秋前夕，吳金堂說他妻子生活無出路，帶著小孩在乞討，想下山見家人。哪知，他是去自首的。我在山上躲的時候，都由我的小弟劉英惠和我聯繫。吳金堂自首後，我的父母，妻子和劉英惠等都被抓了。但家人均沒說出我的藏身處。特務機關就又叫我父親和小弟來勸我下山，還嚇說，如我不下山，一家人都會遭殃。以後，我就到了板橋，找了林日高，想問他該怎麼辦。在二二八事件後，我曾多次和他有交往，我想他還是可信的。當時，他還有公開的參議員身分。以後，我回大陸後，才知道他是地下黨。50年代，他也犧牲了。林日高對我說，你家人生命安全，他可以保證。他叫我繼續跑，讓特務們、軍統、中統相互爭功。等合適時機時，叫我出來時，我再出來。過不了幾天，基隆地區遭戒嚴，情勢緊張，林日高就帶我去見蔣渭川（時任臺灣內政部長，他事實上是中統的。）。但我到後，就被捕了。我被捕後，我就說，只要家人能放了，我被殺、被煎，隨你們了。這時，中統的科長俞詢初的手下有個叫郭維芳的，就告訴我，他們準備讓我回大陸，搞特務工作。郭這人是地下黨被捕後自首的，但他心裡也矛盾，他雖被捕自首了，但心有未甘。他告訴我說，如果是他，他也會離開臺灣，去大陸的。於是，我決定和特務們智鬥。這樣，我就交待了我自己反蔣，反國民黨的思想，認識過程。這些不涉及黨的祕密，也沒有出賣同志。這樣拖了一年多，特務機關準備放我出來，打入一些臺獨的團夥。他們跟我說團夥裡面有共產黨嫌疑分子，要我打入其中，利用時機，和他們一道離開臺灣，或到香港、日本，以後伺機到大陸做情報的工作。我說我已經暴露了，人家都知道了我，我幹不了這事。以後，就又準備讓我來大陸做情報工作。我想他們是想借刀

殺人,用共產黨的刀殺我。我的哥哥英德也說我來大陸也不好,組
織上也不會相信我。但我想到,我(可能)是最後一批被捕的地下
黨,有義不容辭的責任向組織彙報蔡孝乾被捕以及地下黨被破壞的
情況。另外,我是被出賣被捕的。我沒有出賣過任何一位同志及社
會關係,也沒有出賣只有我和蔡所知道的一些情報。這些對組織來
說,可能是無關緊要的,但對我來說,則是大事。我感到沒有臺灣
的解放,就沒有我劉某的一切,即使到了大陸,受到委屈,乃至犧
牲生命,也無怨無悔。這樣,我就到了香港,一出碼頭,我就把臺
灣特務頭子俞詢初交給我的密寫用藥水仍進了海裡,並很快和組織
取得聯繫(負責人為陳金石,是大春行的老闆。該處曾是掩護地下
黨員林田烈,林良材等人活動的場所。)。經陳金石的介紹,和公
安部派來的葉某的安排,我就路過廣州,到了北京。這時已是1956
年。到了北京,我寫了足足幾萬字的材料,交代了整個事情的過
程。我應該說是臺灣地下黨中,躲的最久,最後被捕的。

　　臺灣地下黨的被破壞,犧牲很大。當然,蔡孝乾被捕後的叛
變是主要的原因[2]。從形勢看,對臺局勢的估計不足也是原因之一,
甚至以為臺灣很快就可以解放的。其實,當時已暴露了這個危險,
因為解放舟山時,已有反覆。打陸戰、過江,和渡海畢竟不同。當
時,給臺灣地下黨的任務是保護好國家財產,不受損失,維護好社

2　蔡被捕一個星期後就叛變了,供了組織的名單,於是地下黨遭受滅頂之災。
　　最近,臺灣有來人說,蔡沒有叛變。這是言過其實的,蔡肯定是叛變了。只
　　是說,人和世間的事往往是很複雜的,也不能說蔡什麼都說了。我去香港的
　　事,以及我父親在蔡最後面臨被捕危險時,託人給他做假身分證的事,就我
　　知,蔡就沒有說出去的。

會治安，保護好黨組織，指導思想是「靜觀」，等待解放。也因此，沒有接受臺灣地下黨的要求——給武器、給船和給錢。等到臺灣地下黨出現了危機時，連撤退都來不及了，臺灣地方又小，也就沒有迴旋的餘地。如果，當時組織上有所準備，地下黨能安全度過難關，保存下來，即使臺灣沒有順利解放，臺灣以後的局勢怕也會不一樣的。臺灣地下黨被破壞後，犧牲的犧牲，自首的自首，變節的變節。應該說，好樣的都犧牲了，這是慘痛的歷史教訓。

以後的二十二年，我就在北京郊區的清河農場幹活、勞動。這期間在生活，工作上的艱辛，我都不在乎，唯有精神上的痛苦幾乎窒息了我。文革期間，我也受了苦頭。但我慶幸的是，這些都不是因為我在臺灣地下黨的經歷所致。我的黨籍也一直保留著。文革後，我也被平了反，落實了政策。80年代，我和臺灣的家人聯繫上了。他們以為我在北京，一定是有權、有地位。我告訴他們，我是一無所有啊！以後，我去了美國，見到了我的小孩。他們從小就離開了我。我被捕時，大的才七歲，小的就在我被捕後才出生的。他們今天都有五十多歲了。1992年以後，我基本每年都回臺灣。回到臺灣就掃墓祭拜為我操勞，吃盡苦頭的已故父母、兄弟、姐姐和因我而被捕，遭殺害的親戚們。當然，也看望了還健在的哥哥、弟弟和兩個妹妹。說實話，臺灣這些年來的變化也不少。當年，大家反對國民黨，得到過很多人的幫助，同情。經過這些年後，很多事情都變了。一些人怕見我，一些人熱衷於臺獨。他們說國民黨，共產黨對臺灣人都沒有感情，下一代的變化就更大了。我的小孩，就不來大陸，怕共產黨。

臺灣有個作家叫吳濁流，寫了一部小說，說臺灣人是亞細亞

的孤兒，是無花果。臺灣的地下黨隸屬中共華東局，在解放戰爭時期，和全國人民一道，曾經轟轟烈烈地進行過鬥爭，但倒像是沒有結果的花，不清不白，至今也沒有結論。很多是非無法求證，北京方面也都不議，長期掛著。隨著時間，人物的逝去，一些事情可能是永久的謎了。臺灣的地下黨人數可能不多，犧牲的也就沒了，別的逃的逃，被關的關。個人參加地下黨、參加反蔣是自願的，以後如何也是自受的。但牽涉、連累的家屬、朋友等社會面也相當可觀。這些人群，在50年代可受夠了苦，真如孤兒。這在臺灣以後局勢的演化中，不能不說是一個因素。現在國民黨被臺灣的選票給搞下了臺，國共也算和解了。歷史如此發展，也是令人難以逆料。我一生參加革命，路是自己選的，但求對得起良心、朋友、同志和組織，也不求地位財富。看到別人不論高升發達，我但求平常心。如果以為當年自己如何，今天也要對比如何，那就絕對會錯位的。想著那麼多的同志都犧牲，不在人世了，這些也就很淡了。[3]

2006年1月26日、2月6日

3　吳石的骨灰在80（90）年代，由其夫人、小孩經美國移回北京。朱湛之的骨灰經多方尋找，後也找到，於2010年12月移至北京八寶山革命公墓。兩人均被追認為烈士。（2011年2月4日補紀）。以後，朱的骨灰於2011年7月，被安葬於其寧波故鄉。

京華三十年隨感

今年正好是我旅居京華三十年了。

我是臺灣本地人，在臺灣念了大學，後來去金門當兵（預備軍官，少尉排長，是義務兵制。）。從小在臺灣出生，長大，第一次離開臺灣，並且是到大陸的沿海島嶼，那感覺是很微妙的。我在金門待了一年，那時還有炮擊的。雖然事隔三十七年了，但是，炮擊的聲音，至今仍然很清晰。那是一種非常淒涼的聲音。在部隊裡，我還和從大陸去臺灣的老兵有過相處。我感到對他們很同情，遠離家鄉的人。也沒料到，多年後，我也和他們一樣，遠離家鄉了。在金門，那時雖然離八二三炮戰已有多年，但偶然因工程施工，還能見到不少白骨。戰爭不論「正義還是不正義」都是非常殘酷的。從金門看大陸，在漲潮、落潮之間時，海面就如同湖面，如果是好天氣，風光是很好的。我當時就感到，如果沒有戰爭，這麼好的風光讓大家享受多好啊！ 1971年我去了美國，機緣巧合，趕上了保釣、統一的運動。在臺灣的少年，大學時期，主要是學習，視野是非常閉塞的。我去了美國之後，參加保釣、統一的運動後，思想有了很大的變化。那時，臺灣留美的大部分學生，愛國歸愛國（且不論，愛的哪「國」。），但從小在臺灣養成的思想上的東西是很難改

變的。我們這些贊成新中國、共產黨的所謂「左派」，算是異類，有一些共同的特點，例如講求社會公益和人生理想，並且勤讀那些在臺灣從來沒有見過的、從30年代的左翼作品到經典的馬列著作，當然也包括近代中國的歷史、中國共產黨的歷史、新中國的歷史，等等。讀這些東西，對那時的臺灣當局來說，就是犯死罪的。我們這些人，算是不怕死，也要反對蔣家這個獨裁、封建的政權。就個人言，我們和蔣家政權並沒有恩怨糾葛。這個想法，完全是拋開個人的視角，而從臺灣的社會，全中國人民的角度來說的。反正，當時我們的認識、思想感情就是這樣的，或說是一種「大愛」，完全沒有個人的利害因素，是非常純潔的。當時，我們年輕，就是有股「我不入地獄，誰入地獄」的胸襟。當時我們想瞭解大陸，一些人就來大陸訪問。大陸對於我們來說是既熟悉，又陌生的。這當然也是犯死罪的。反正去了大陸，你也就準備好這輩子沒有回頭路，回臺灣了。所以說，我們的決心是很大的。當然，我們是少數的。大部分的臺灣留學生都不是這個樣子。他們從小在臺灣養成的思想上的看法是很難改變的。例如，一些人，就成立了一個「反共愛國聯盟」。他們說是也保釣，但更多的是在維護蔣家的政權，替它的合法性辯護，所以，名聲不好。當然，更多的臺灣留學生是傾向臺獨、同情臺獨的。很多人私下痛恨國民黨，但懼怕被打「小報告」，遭麻煩，也不敢出聲，倒是不少人私下也都贊成我們反對國民黨。我們感到，天下有公理，公理自在人心。我當時就感到，國民黨這個政權總有一天，非得垮掉不可，因為臺灣的人多數反對它啊！我就是不相信，一個人民都反對它的政權能長遠存在。我來北京（1977年）以後，聽到說要「國共合作」，和蔣家國民黨談判解決臺灣問題，就

感到是不可能的。但是，北京很多人就是這樣想的，我也很難說服人家。人家說，它是掌權、執政的，你還得和它打交道的呀。說得也是。只是蔣家國民黨最終還是垮了啊！

通過那個時代的經歷，我們發現，現在臺灣的很多亂象的根源來自於蔣介石統治的後果。蔣介石統治的反共，再往前半步，就是「反華」。現在民進黨對於大陸的政策，實際上是繼承過去蔣家國民黨政權的政策。他們是國民黨教育出來的，從思想的深處來說，是反對不了國民黨的反共思維的。這是很矛盾的，民進黨這些人是靠反對蔣家國民黨起家的。反對它的人，怎麼還繼承他們所反對的人的做法呢？（舉如：區別對待50年代遭殺害的左翼人士，不容異己的「法西斯」意識。）原因就是，從思想的深處，他們還是過去蔣家國民黨那套思維、邏輯。所以，從意識形態的角度來說（且不說客觀的環境因素，如冷戰、美國影響的因素，等等。），臺灣對於大陸的政策，不單獨是國民黨的政策，後來的當政者，包括現在的民進黨，以及2008年選後的當政者，從本質上說，都是異曲同工的。在蔣家國民黨那套思維、邏輯影響下，你說，臺灣社會能進步多少呢？所以，我常說，蔣介石統治臺灣的後果是很嚴重的，指的就是這點。大陸的人，沒在臺灣成長過，很難有這個瞭解和體會。

兩岸關係從上個世紀70年代到現在，發展過了幾個階段，變化的非常快。現在的年輕人，對兩岸關係的瞭解，都是從上個世紀80年代開始的。但其實1971年，兩岸的隔絕就開始受到海外這些「左派」留學生的挑戰，乃至被突破了。1971年，五名在美國的保釣臺灣留學生來到北京，周總理就立刻會見了他們。我們應該瞭解這個過程。恐怕令不少人意外的是，打破兩岸關係阻絕的是臺灣的

留學海外的學生，而不是1987年蔣經國開放臺灣的人來大陸。在兩岸關係當中，1971年11月，周總理接見首次來大陸的臺灣留學生，實在應該好好得到肯定和紀念。

在上個世紀70年代，在海外，美國的臺灣留學生中的潮流是認識大陸，許多臺灣學生從封閉到逐步認識到開闊的世界，其中包括一些為了「臺獨」（左派）和國民黨做鬥爭的人。這些人我們都打過交道。通過和他們的交往，我覺得，我們應當肯定黨外運動，反對國民黨統治的運動，只不過這個運動的果實現在落到了陳水扁等「臺獨」分子的手中。我想，我們應從歷史的演化，乃至群眾的視角，來看待臺灣社會、政治變化的問題，而不是糾纏在一些表象上面。我經常和年輕朋友講，我們不止要瞭解上個世紀80年代以後的，而且一定要瞭解以前的，這樣才能有一個較全面的概念，因為今天的臺灣是從昨天的臺灣過來的。你對50年代的白色恐怖、60到80年代的反對運動、黨外運動缺少概念，就又如何對臺灣社會今天的矛盾能有概念呢？

從1971年到現在，兩岸關係是非常複雜的。從歷史的角度，長遠的視野來看，兩岸在統一的過程當中，不免會出現很多問題。我們需要的是耐心和沉穩。你要和平，就得要有耐心的。美國人處理世界的問題，缺少耐心，動不動就發動戰爭，他的路肯定越走越窄。在北京三十年，我是有一些失望，固然，同時也看到一些進步的地方，但是，感到慢了些。我幾年前出了一本書，叫《在歷史面前》，收錄了一些我在上個世紀80年代到90年代，在一些會上對兩岸關係的一些看法、講話，讀起來或許能看到兩岸問題在這二十年的演變。回頭來看，我們對臺工作是在逐步改進的。例如臺胞證的

問題，過去是三個月一簽，對學生來說，就非常不方便。臺灣學生
來念書，哪有只念三個月的？證件應該至少是一年、二年有效的。
我們，包括很多人，都和有關部門提議很多次，但是要等很多年
後，才能有改進的結果。還有，就是給臺灣學生學費同內地生同等
對待一事。這些好事情，如果有眼光，一開始就給臺灣學生兩年的
有效證，一開始就給臺灣學生同內地生一樣的學費政策，多乾脆，
漂亮啊！後來雖然做了，人家也就不那麼感謝了，總會以為你是不
那麼爽快的、不情願的。所以，我認為我們有的做法，總是比實際
情況慢半拍、一拍的。對比一下，周總理當時，立即就見了首批來
大陸的臺灣留美學生，這些學生是破冰之旅啊！（這些學生是從香
港入境的。他們到大陸後約十天，臺灣當局就掌握了他們的名單，
於是就在《中央日報（海外版）》的頭版頭條，報導將這五名學生的
臺灣「護照」吊銷，來個殺雞儆猴。）這些學生，一不是著名人士，
二不是大學者，三不是大款。他們都是無名人士、普通研究生、窮
學生。周總理就是有這個睿智啊！溫世仁去世，我曾建議最高領導
人去給他悼念。一個臺灣本省人，能這樣為大陸同胞做那麼多好
事，多難得！對臺工作，有時就是要能看到關鍵處，能一步到位，
能下重筆、厚筆。二十年前，臺灣早期的黨外人士黃順興來到北
京。熱衷環保事業，很想把他過去在臺灣的環保經驗在大陸推廣，
造福大陸，免遭如臺灣那樣，因發展而蹈汙染環境的覆轍。然而，
黃老的這個造福「共同家園」的良好意願，未能實現。在他去世前
不久，我收到他給朋友們的一封信，說是感謝大家對他的支持，只
是由於各種原因，他的這個想法是不能實現了，對大家表示抱歉和
交待。戰國時期，孟嘗君的食客馮諼替孟嘗君「買義」的事，多年

以後，果然起了作用，令人佩服馮諼的眼光！

2007年，我們還做了一件很有意義的事情，就是我們的保釣老朋友周本初教授把他珍藏三十多年的保釣、統運資料，經過有關部門的努力，從美國運到北京，捐贈給了北京清華大學。照周教授的說法是：

> 數十年又匆匆的過去了，我們也漸漸的老了，但在這近三十年的歲月裡，我們時時皆在盼望這些資料能回到祖國，特別是祖國的首都！主要是因為我們認為海外中國留學生此一保衛國家領土主權、關心國家民族命運的運動在精神上的確是當年發起自北京的五四運動的延續（周總理當年即曾如此評價過）；更長遠一點說，它也是歷來中國知識分子的重要傳統之一——即所謂的「家事、國事、天下事、事事關心」。這一運動深深的印證了臺港學子們無限的祖國情懷。這樣，他們為關懷祖國所留下的紀錄，應該要能回到祖國的大地！

可貴的是，現在清華大學有八位同學做義工，在清華老師的指導下，正在整理這批文獻、資料。我近來也收到一些大陸年輕學子的來信，問及70年代的臺灣留美學生保釣、統運的往事。一位同學說：歷史不會忘記！人民不會忘記！祖國不會忘記！讀著他的來信，讓我落淚。

這次，十七大提出的「解放思想」非常重要。過去，不論哪號人物講話，總得提，堅決不放棄武力。好像不寫上這句話，就是你立場不和中央一致了，動搖了。我常私下想，你是哪個職務啊？你

有這個權力？我就不敢和臺灣的人提到「武力」這事。這不是我該
說的範圍嘛！這次十七大，總書記報告，沒提「武力」，在今後對
臺方針的一段中，也沒有提「反分裂法」這些字眼。海內外，反應
都很好。沒說，並不表明我們立場有變化，反而在國際上占得制高
點，並給臺灣當局很大的壓力。我們的說話，寫文章流於形式的多
矣！如果面對臺灣來的人，不分青紅皂白，還這麼說，豈不怪哉。
解放思想，何其難也。

　　當時的保釣、統運的留學生當中，臺籍的人很少。臺灣籍的
學生多的是去搞「臺獨」。當時，臺灣籍的來大陸也少，所以周總
理還交待過，要多一些臺灣籍的同學們來大陸看看。我們當時也就
覺得，「臺獨」的同學更要瞭解大陸才是。我們就同「臺獨」的朋友
講：你要「臺獨」，不瞭解大陸，行嗎？現在提兩岸要和平發展，是
對臺灣民眾有吸引力的，也有可能對一些臺獨傾向的人，有轉化的
作用。我們應該多講一些共同家園和未來兩岸共同發展的課題。臺
灣人由於歷史的原因，被割讓過給日本，又被蔣家獨裁統治過，因
此有很強的自主意識。對待「民族主義」也不那麼熱衷，因為他們
都沒從這些，得到過好處。蔣介石還拿這個大棒子來壓制人們呢！
蔣介石對反對他的人的辦法是：如果你是外省人，就說你和共產黨
沾邊，那你就完了。如果你是臺灣人，就說你搞「臺獨」，對中華民
族不忠不孝。50年代，蔣把「共產黨」都給殺了。到了70年代，他
就無法再施老的伎倆來壓制臺灣人了。對臺灣本地人，你開口閉口
中華民族大家庭，而不能替他解決些實際問題，你看他還對大陸如
何的觀感？其實民進黨當中，也不全是「臺獨」分子。我父親從來
反對國民黨，也參加民進黨，但是頭一次來到北京，激動的跪了下

來，說這是我們老祖宗的地方。這就說明，不少人參加民進黨，只是因為對國民黨失望了，感到臺灣人受到太多的太不公平了。我們要從臺灣歷史、社會發展的條件來看。脫離了這個背景，就不符合實際了。我們應當詳細分析，進一步明確「臺灣自主性」這個問題的內涵。臺灣島內的局勢在演化，關鍵的核心問題，不在「藍、綠」之爭，而是臺灣正在脫離過去「國共內戰」以後的政治心理框架，逐步（正在）形成一個帶有明確自主性的局面。我們如何對待它，是個急需研究、認識的課題，要從「法律」、「政治」和「具有時代性觀點」的角度。

談到選舉的問題。八年前，民進黨上臺，把國民黨打敗了。我不主張片面誇大2004年那兩顆子彈的「威力」。兩軍勢均力敵，勝敗就是有偶然的因素！現在民進黨做得不好，正常的邏輯是做得不好就要換人、換黨。但從一些臺灣人的角度看，好不容易才把國民黨搞掉，不希望回到過去蔣家國民黨執政的那種狀態，因此還想給民進黨一個改正機會，這不是一個不可能的思維，也是很難處理的事。尤其是所謂「本省人和外省人」的問題，很難說什麼時候會對選舉產生什麼樣的影響。

總的來說，要做好工作，我以為必須加強學習和思考，尤其要用辯證唯物的觀點，歷史發展的眼光來看兩岸關係，這樣才能有長遠的著眼點。

一些歷史性的問題，往往需要幾代人才能解決的。臺灣問題或許就是這樣。有幸的是我在二十歲出頭時，就有歷史的際會能參與這個事件，並且至今，已然快四十年了。孫中山說他革命四十年。歷史性的事業還得靠年輕的一代，還得靠全中國的人民，靠臺灣的

百姓。1971年，周總理接見首批臺灣留學生時說，他的年紀大了，看不到臺灣的回歸祖國，你們年紀輕，可以看到的。現在三十六年過去了，也有保釣的老朋友就不在人世了。想到這些，不禁感到，人們固然應該相信歷史，但是，是不能超越歷史的。

2007年12月

留學的時代和保釣運動

留學的時代

我去留學的時候，是1971年。基辛格是1971年8月份到北京來，他先到巴基斯坦，然後，祕密來訪北京的。接著，第二年尼克森總統就到北京來訪問，中美關係開始解凍了。1971年的10月25日聯合國表決中國代表權的問題，通過了中華人民共和國恢復聯合國合法席位，那一天晚上，我們看了電視的轉播，印象很深刻。

當時在美國的留學生就是臺灣去的為主，香港、澳門也有一些，不多。當時，大陸還沒有人去美國，所以在美國的中國留學生主要就是臺灣的。當時還發生一件事情，美國在1945年戰後就代表著聯合國託管琉球群島。到了尼克森的時候，他要把琉球劃歸給日本。這樣一搞呢，也就把釣魚臺列嶼包括在內，都給日本。這個事情在留美的臺灣學生裡面發生很大的觸動，釣魚臺是屬於臺灣的，美國居然要把釣魚臺跟琉球一起給日本，不合適吧。所以，在1970年的年底、1971年的年初就開始了所謂在美國的臺灣留學生保衛釣魚臺的運動。我是1971年的8月份才去美國的，所以1971年初興起的這個活動時，我還在金門，並沒有參加。臺灣的學生很

多都參加這個運動，應說是那時候的潮流吧，所以我去那兒以後，後來也參加了這運動。事後來看，這個運動是有歷史性的意義的，但是，就個人來說，也就是多關心一下時事，多思考、學習一些過去在臺灣所不曾接觸過，遇到的問題。這樣，也就說不上多轟轟烈烈的。

當時，兩岸沒有接觸，沒有來往的。其實，說要保衛釣魚臺，只是一些遊行示威而已，學生們保衛不了什麼東西，保衛領土還是國家的事情。但是，透過這個運動，經過四十年之後再來看，就把這個脈絡看得比較清楚。怎麼樣的脈絡呢？當時北京的外交部有一個聲明，就是現在還經常聽到的說法「中國擁有對釣魚臺無可爭辯的主權」。現在我們看電視新聞聯播，國務院發言人都講這句話，這在1971年就這樣講了。

當時，臺灣國民黨政府在美國有大使館。那時，美國跟臺灣是有正式外交關係的。然而，國民黨政府就為了保持聯合國的席位，還有別的原因，在這個事情上，表現得很軟弱，對海外留學生的這些活動就採取一種軟弱的態度，這些學生很不滿意，而且後來國民黨政府的措施也不妥，說這些留學生怎麼怎麼樣的。話說回來呢，北京這邊有這麼一個表態，對比起來，就很凸顯。當時兩岸沒有接觸，我們在臺灣的教育就是反攻大陸的教育，大陸不管怎麼樣，還是自己的土地，只不過兩邊有政治對立而已，這跟現在的情況有所不同。現在臺灣很多年輕人認為臺灣是另外一個國家了，臺獨思想嘛，當時，還不是這樣的。留學生們對大陸，也是感覺很熟悉，但又是感覺到很陌生。熟悉的話呢，就是對歷史、地理都讀了很多，很熟悉的。同時，又很生疏的，因為從來都沒去過，連照片也都絕

少有的。國民黨對臺灣的統治從 1949 年到 1987 年，在臺灣採取嚴格禁止來自大陸的音訊，連照片都沒有的，很少的。在臺灣，大陸上 30 年代的一些作家也都沒聽過的，例如茅盾、魯迅，就從來沒聽過。國民黨採取的是一種封鎖的政策，或說是愚民的政策。

然而，在美國是很開放的，當時中美關係剛剛開始解凍，到 1971 年底，美國政府就允許美國公民可以到大陸來訪問，而這以前是禁止的。50 年代，錢學森他們要回來，美國政府就不讓他們回來，原因就是有這麼一條規定，美國公民不能到所謂的共產黨國家去，包括中國大陸。1971 年的下半年，這個關係解凍了。當時，就有五個臺灣學生膽子比較大的就到了北京來。事後來看，這是兩岸關係一個破天荒的事情。因為，1949 年以後就禁止掉了，這是二十二年後的頭一回。這五個臺灣學生來大陸，他們當時也不敢聲張，怕臺灣知道，這在當時是很嚴重的事情。但是七天以後，臺灣方面就知道了。為什麼？因為從香港進出，香港的口岸機關和臺灣方面是有往來的，資訊很快就被臺灣方面掌握住了。國民黨政府很厲害，來個殺雞儆猴，就吊銷他們五個人的護照，當時我們當然都拿臺灣的護照。

我現在講這些就是講兩岸關係的事情。1971 年 11 月下旬周總理就見了這五位臺灣的留學生。這個事情呢，新華社沒有報導，為了保護他們五個人，所以沒有報導。周總理見了他們，談了八小時，周總理是白天、晚上都辦公的人，我聽他們講，從晚上十點鐘談到天亮四、五點鐘的樣子，周總理詳細瞭解他們的情況，當然還有臺灣和美國的情況。所以，這應該是大陸政府最高領導人，從 1949 年以後，第一次接觸來自臺灣的學生。我現在北京很多場合

下，也經常講這個事情，就是兩岸關係的突破，其實是這五個臺灣學生。以後，2005年，連戰、宋楚瑜這些人登陸，已經是三十四年以後的事了。所以說，兩岸關係的突破者、破冰者，應該是這五個臺灣學生，而不是別人。

這五個臺灣學生有兩位已經去世了，在世的還有三位，都已經七十多歲了。我們從歷史的視角來看的話，就特別有意義。以後又陸續有別的留學生來大陸，周總理總共見了他們三撥，以後周總理身體不好，就沒再見了。

周總理見的這些學生，可不像是楊振寧等的大學問家、諾貝爾獎得主的，他們也不是有名的教授，現在來講，也不是有名的大款，事實上，他們就是普通的學生，更不是社會的名流、知名人士，但是周總理見了他們，談了八小時。我們這一代人，當時，雖然在海外，對周總理都非常感佩。他在文革那種情況底下，而且1971年9月份還發生了林彪事件，所以我們對周總理都非常感佩。我再次強調一下，兩岸關係的突破，是這五個臺灣學生，而大陸這邊就是周總理，這個歷史應該要講清楚。

話說回來，參與保衛釣魚臺運動的，都是普通的學生。臺灣1949年以後就跟大陸隔絕了，沒有了往來。隨著局勢的發展，在美國，透過臺灣的留學生，跟大陸就開始間接地有了往來，只要偷偷摸摸不讓臺灣當局知道，你到過大陸上來，就可以了。而在臺灣的家長，靠著小孩在美國留學的，就可以以探小孩的機會到美國，再繞道到大陸來。所以1949年以後，隨著國民黨去臺灣的一些外省的家長，就經過這樣的間接管道，回到大陸上來探親的。兩岸關係的發展就是從歷經這樣的間接管道而慢慢開始的。今天，我們回顧

起來，就瞭解到，兩岸關係的突破，兩岸關係的逐步發展，是繞道美國這樣的一個管道的。這個管道一直延續到80年代，1987年蔣經國快去世的時候，開放去臺的老兵能回大陸探親。在這之前都是通過這樣的管道。大陸上的很多情況，也通過臺灣的海外留學生一點點傳回臺灣去，兩岸關係的發展是這樣逐步的。所以說，70年代的臺灣海外留學生，也是兩岸關係的耕耘者。

有關留學時候的一些事情，也有很多值得回憶的。那時，我才二十多歲，也算是長知識的年紀，通過參與運動（活動），確實鍛煉了自己，這些就不是可以從書本上，或一般的工作上，可以學習到的。這真是我的一生中，難得的成長的經歷。這個運動的林林總總，可謂萬象紛呈，在下面的敘述中，我會提及我們這些朋友對這段歷史的保存，所做的努力。至於我個人的部分，則散見在我過去的所寫文章中，而更為系統的回顧，乃至總結，則只待日後的努力。我這裡主要就說這段歷史對於兩岸關係影響的方面。

保釣運動的歷史定位

在70年代這十多年當中，這些留學生辦了很多刊物，核心內容就是探討臺灣的前途，是走向獨立呢？還是最終走向跟大陸統一呢？還是怎麼樣？當然，大家對大陸的情況也不瞭解，對共產黨也不瞭解，因為，這些在臺灣都是封鎖的。所以70年代的這一段歷史，我覺得應該是臺灣很重要的歷史組成部分，同時，也是兩岸關係重要的組成部分。再擴大一點來看，應該也是中國近代史很重要的一個組成部分。海外的留學生運動，早期有康梁，戊戌變法的時

候，康梁都在日本的。國民革命的孫中山也是在日本的，到了抗戰
勝利以後，有一部分人到美國去求學，50年代以後，回到祖國，像
老一代的科學家，像錢學森他們。到了70年代以後，臺灣的留學
生逐步從美國來到大陸。從中國近代史的角度來看，這些都是中國
近代史的組成部分。

　　再看看這些學生也很難得，他們在臺灣出生，從小接觸國民
黨的教育，到美國以後，開闊了視野，看到了整個世界，看到了整
個大陸的情況，感受到歷史的走向，能夠改變態度，贊成共產黨，
贊成新中國，這個也挺難得，不容易的，而能夠走向這樣的，也不
多。很多臺灣的學生從臺灣去了美國以後，在很開闊的時空上面，
並且在美國是一個很開放的社會，什麼東西都有的條件下，還是維
持一個在臺灣那種禁錮的思想的，是非常多的，當然，很多人就走
向臺灣獨立了。當時，大陸上沒有人在美國，大陸的一些代表團去
了美國，接待的工作，很多服務的工作，都是這些臺灣學生做的。
所以，我這樣講，這也應該是新中國歷史的組成部分，是不為過的。

　　這段臺灣留學生的歷史，應是臺灣歷史的一部分，兩岸關係歷
史的一部分，中國近代史的一部分，乃至新中國歷史的一部分。但
是，比較遺憾的一點，這一段歷史，由於時間過了有四十年了吧，
當時中國的情況是比較孤立的，比較閉塞，對海外的情況不太瞭
解，對兩岸關係的主角，能從歷史的角度來瞭解、知道的人就更不
多。我個人是1975年第一次來大陸的，算是比較中期的，所以，
對這段歷史有較深刻的感性和理性的認識。

　　到了1976年，我在美國念完書了，覺得在美國待一輩子也沒
什麼意思，臺灣也回去不了，我們都露了名，上了黑名單，後來就

到北京來。我是1977年6月份到北京來的,以後就在中國科學院化學所工作,一直做到1995年我才到清華大學物理系的。所以現在有朋友們講,我們挺愛國的,其實問題是,我們在臺灣那種環境底下長大,到美國以後,開闊了視野,把個人的視野擴大到整個中國近代史,所以才有了這樣的轉換,應該是這樣講比較準確,而不是簡單的一個愛國。人的思想的轉變是很難的,更多的留學生是,在臺灣那個樣子,到了美國是那個樣子,後來在美國多年了,還是那個樣子。

現在經過四十年以後,我們大部分同學、朋友都在美國,有一些少數人回臺灣去了,現在兩岸都開通了,從美國、臺灣到大陸也經常來往,他們也經常來北京找我。現在,大陸上也發展了,過去講是人家在美國賺的美鈔多呀,現在比比也不是天地之差,真的是這樣的,真是人算不如天算。以前人民幣跟美元比,差有十幾倍,現在到了6.3的比,那無形中的財富就增加一倍了,這個東西就不是個人所能夠掌握的,人算不如天算。加上,現在歐洲、美國的經濟不景氣,所以真的是這樣子。這一點,跟年輕人講,年輕人都不會相信,其實個人的力量是很微弱的,你得跟著大時代潮流,你就能夠走得比較順,過得比較有意義的生活。真的是這樣的,這樣講起來是比較虛了,不過真的是這樣子。

立史存照

接著講,就是我們這些朋友,一些都過世了,我是這一撥裡的最小一撥,現在也過了六十歲。70年代的那個運動,辦了很多刊

物，很寶貴的，人慢慢凋零了，應該被保留下來，不然真的很可惜
的。這些資料，因為我在清華大學，跟學校一講，他們也很接受。
這樣，在2007年，這些刊物、資料、文獻就逐步收集起來，捐獻
給清華大學圖書館。因為，我們有朋友聯繫，一呼百應，大家就都
熱心捐贈手中還有的這些資料文獻。我們的一些朋友也有回臺灣去
的，他們手邊也有這些資料文獻，他們就捐給臺灣新竹的清華大
學。但是比較起來，北京這裡，我們收集的最多。

　　清華大學圖書館的館長說這些刊物很好，但是你們當事人能看
得懂，以後的人不一定一下能看得那麼清楚這個事情的來龍去脈，
只是刊物而已。他說你們應該做口述史實，他的這個意見很好。接
著，清華大學的圖書館也做口述的工作，我們這些朋友有路過北京
的，就錄下口述。2009年底，美國的朋友在紐約有紀念保釣運動
四十周年活動，清華大學圖書館還派人去了，找了當事的人做口
述。這樣，幾年做下來，竟然做了有七十多人的口述，有上百小
時的記錄了。現在，清華大學圖書館還成立了一個「保釣資料收藏
研究中心」。這裡所謂的「保釣」，就是70年代臺灣留學生在美國這
一段的學生運動，內容不僅是保釣，還有前面說的兩岸關係，等等
的，這個名稱是有點簡單化。這一段歷史活動的這些刊物，是很有
價值的。美國哈佛大學燕京圖書館也在收藏，但是北京清華的收藏
最全，還做了口述。新竹清華也做了一些口述，但是很少，沒幾個
人。我也很高興，我在這裡面算是做了一個策劃，當然，還有很多
朋友的幫忙，這是很難得的。

　　歷史的資料、文獻等東西放在那裡就是死東西，還得利用起
來，才有意義。2010年，我到廈門大學去，就跟廈門大學的臺灣研

究院的老師、同學們提及這個收藏。事情有了回饋，2011年春，他們有個博士生到北京清華大學圖書館來看這些資料、文獻。看了以後，他就準備把這段歷史，作為研究的對象，作為博士的論文。他們也有教授到北京來看，覺得這個很好，所以他們準備把這個領域作為一個研究的方向，他們過去沒有這個研究，現在大陸上有那麼多的臺灣研究機構，也沒有人有這方面的研究的。對這段歷史的研究是要「古為今用」的，為什麼呢？因為這段歷史講的就是兩岸關係的突破，兩岸關係的早期發展，是很可貴的歷史階段和歷史經驗。這些東西跟當今的臺灣社會，國民黨、民進黨的問題，當今的兩岸關係其實是有關聯的。這個講起來就是很長的故事，很長的歷史了。現在，臺灣的國民黨這些人，不少也都是70年代成長的，和那段歷史的過程，都有關係的。所以，把那個歷史階段搞得比較清楚，對當今的民進黨和國民黨的矛盾就看得比較清楚，所以，這個方面的研究是有現實意義的。我很高興，廈門大學準備做這個事情。

另外，清華大學有一個研究中日關係的教授看了以後，也覺得挺好的，釣魚島的這個事情，跟中日是有關係的。

我講收藏這些東西吧，希望能夠達到幾個目的。第一，因為是留學海外的臺灣留學生的歷史，應該講是愛國的運動，保衛釣魚臺啊！然後，就是兩岸關係的突破和發展，贊成中國的統一。這些，在那個年代就喊出這樣的口號了，所以這是愛國運動，海外學生的愛國運動，是可以作為愛國主義教育基地的。

第二，我們國家對外的部門總要有一些諮詢機構，儲備一些東西，關鍵時刻，能拿得出東西來，所以希望能把這個作為一個國家有關部門的一個必要的參謀機構，說不定哪一天需要瞭解70年

代的一些事情，資料很全，各種東西都有的，包括關於釣魚臺的歷史。當時的學生運動挖掘出很多關於釣魚臺的歷史材料來，所以把這個東西整理好，可以起到一種諮詢的作用。

第三，現在臺灣的情況很多人都知道有臺獨的思想，民進黨的去中國化，等等。所以臺灣的學生、老師，學界人士來北京參觀這些東西，我想對他們來講會是一個很大的啟示，讓他們知道70年代，四十年前的臺灣留學生在美國，就有探討兩岸的關係，贊成中國的統一了。這樣給他們一個震撼，不然他們還認為臺灣人就只有像今天這個樣子，說臺灣獨立的。這樣就能把這些收藏作為兩岸文化、教育交流的一個平臺，也能給後輩的臺灣學生有一個對比的參考。

這個事情近來有進展。2011年，國臺辦介紹了一批臺灣的年輕學生來訪，這些學生參觀這些後，反應很好，他們以前不知道這個事情呀。後來又有幾撥臺灣學生也來過，所以我覺得這是一個很好的事情。我很高興，我們四十年前的愛國運動，到今天能夠把這個歷史資料保存下來，在清華大學保存得很好，還做了口述，還可以在現在的兩岸學生往來之間作為一個交流的平臺。這就是說，這個運動並沒有結束，成了歷史的過往，它還只是逗號，還不是句號，這是讓我們高興的事情。同時，我也很高興，不少人包括一些對臺工作負責的人，瞭解到這個事情後，都覺得這是件挺好的事情。

2011年6月

關於對臺灣青少年、學生交流
的思考筆記

2007年5月我有機會去了西安、廣州、東莞、南京、昆山、上海等地，瞭解有關兩岸青少年交流、臺灣學生就學、臺商子弟學校的情況。期間，寫了有關一些問題的思考筆記。

一、基本的思路

對臺青少年的工作要站在歷史的高度來認識，目前要注意全國一盤棋，全面的規劃，各舉辦部門（共青團、教育部門、臺聯、宋慶齡基金會、民主黨派、科協、大學），各個活動之間要統一部署、協調、互通資訊，避免重複和無序。重視全社會力量的支撐和發揮，如培養志願者。

對臺青少年的工作需要資金的投入，要發動社會人士的共同參與和全國資源、資金的整合。建立兩岸青少年基金（社會性，港澳臺人士團體參與，政府不介入。）。

除了傳統文化的層面外（如尋根、文化之旅、中華文化研習營、秦磚漢瓦話長安、華夏尋根黃帝陵祭祖、兩岸青年共赴未來夏令營、閩南、河洛文化，等等。），需要開拓新的領域（如對臺灣大

學生的交流也可包括基督教、佛學的領域。特別是佛學，現在臺灣的學生很興這學問。），重視分年齡，分層次開展工作。此外，要重視兩岸青少年常態化、專題性的交流活動。

要重視對臺青少年的交流後續工作問題：這個工作要運用網路的技術，建立平臺。對於固定的專案，每年均有學生參與，如果能建立學員間交流的平臺，就能使得不同年次，乃至不同活動專案的學員能在網上平臺上互相交流，共同分享參加活動的心得，進而能形成一股社會的力量。上海的「東方海外之橋」網站帶有「海峽兩岸」網頁，通過知識競賽，遴選優勝者參加夏令營。

兩岸的青少年有不同之處，我們要瞭解其特點。但是，不要誇大這個差異，甚至隨意將之上升為政治的高度。我們內地的學生也有東西南北，城市、鄉村的區別。

現階段，對臺灣學生、青少年的工作，除了傳統文化的薰陶之外，主要立足點還在於使他們認識到兩岸共同發展的歷史必然性。

要正確對待和處理臺灣青少年的「臺灣主體意識」這個問題，其中很大部分與「臺獨」、「去中國化」是沒有關係的。社會心理的認同問題有各種原因，不可簡單化處理，要正確區分它和政治上概念的不同，要正確對待這個現象。

對於臺灣學生要「熱情關懷，一視同仁，嚴格要求」，切忌對於其不合理要求，學習的不力，隨意降低要求。對於臺灣學生總的政策方向，應是鼓勵、要求他們和內地的學生共同生活、學習，鼓勵參加學校統一的社團、關注社會的活動。切忌學校出於主觀的「好意」，強制將他們和內地學生分割管理。

目前的政策應考慮擴大對臺灣學生的招生，可辦預科班，以提

高基礎不足的學生。

臺商子弟學校已開辦有東莞臺商子弟學校、華東臺商子女學校、上海臺商子女學校。這些學校各有其特點，各能滿足不同臺商家庭的所需，不能一概言何者為優，何者為強。現在的政策是要關懷它們、努力辦好它們，包括協助其師資的提高。對其管理，宜粗不宜細。對於這類學校，如果出於臺商的自願辦理（可視為民辦學校）也不要多予限制。此外，也要強調這些學校與內地各界的交流往來。

二、工作的開展和具體的建議

（一）在全國設立一個互聯網站，以臺灣、兩岸的青少年、學生為主要對象，加強知識性，少政治性的說教。對臺宣傳要區分對象特點（如行業、年齡），要改進對臺青少年宣傳手段少的問題。

（二）要改進對臺灣青少年活動接待的問題（可借鑑歐美對於青少年工作的經驗），包括改進方式，注重實效，專題特點，區分年齡、背景。接待中反對「大吃大喝」，不搞或少搞宴請。臺灣青少年現在普遍具有較好的環保意識，我們在接待工作中也要注意提倡這個意識。

（三）官方領導人接見臺灣學生固然有正面的意義，但要注意方法、形式。雙方的談話要雙向，體現尊敬和平等。切忌花長時間排隊等候、照相的事。談話也要體現真誠，不說套話、空話。如果沒有如此的水準，則以不見為好。

（四）臺灣目前的情況是校長對於兩岸學校的交流有積極性，關鍵是一些老師未必如此，所以要重視臺灣青年老師的工作。大學教

授方面情況比較複雜，他們的政治導向比較明確，來者恆來，不來者恆不來。而中學老師的交流比較單純。除了文化尋根（閩臺、客家、河洛文化）方面的交流外，也可以開展各領域教學的觀摩，如數學教學等。做好對臺灣中小學老師的工作是核心，老師的工作做好了，自然也就影響了學生。

（五）目前臺灣官方不承認大陸大學的學歷（注：這個現在已經有了變化），但是已有不少臺灣的大學生到大陸的大學修讀一個學期的現象，他們的學分也得到學校的承認。要重視，擴大這個交流方式。

另外，目前除了已開放的一百五十九所大學外（注：這個數目，幾年來可能有變化），也可以開放專科領域給臺灣的學生。

（六）目前，在大陸就學的臺灣中學生畢業後，升入大陸大學的出路只有通過「港澳臺生入學考試」的管道。有些學生認為該入學管道顯示的水準較低，因而願意通過全國的高考，對於這個要求，應予滿足。

另外，高中階段成績優秀的臺灣學生應也可以有保送的機會。

（七）臺灣學生畢業後的就業、出路問題是一個亟待解決的問題。現在社會的接納程度不高，也有各種問題。臺灣學生面臨前途的不確定性，何去何從的問題，乃至不論回臺，或留在大陸均成社會邊緣人的窘境。要重視研究這個問題，要出臺臺灣學生就業相關政策，輔導臺灣學生的就業（華東師範大學有注意這個工作）。

目前矛盾集中的是學中醫的臺灣學生較多，他們畢業後實習的困難，個人開中醫診所的問題應先予研究解決。

（八）給臺灣學生在學期間，辦理各類保險（學生數約五千餘，其中北京有千餘，上海約七百餘）。（注：這個問題現應有解決）

（九）目前，各個部門學校均已有不少對臺學生工作的正反經驗，建議全國開個「對臺學生、青少年工作經驗交流會」。

（十）臺商中早期（80年代）來大陸者，如今不少創業有成，年紀也略大了，他們也在考慮子女接班的問題。這些人和我們熟悉，在大陸多年，對斯土也有感情。現在的問題是他們的這種「吾土吾民」的情操，如何下傳。與此，我們要重視臺商中的青年菁英，青年臺幹的工作，如聯誼會等。和臺灣的青商會等，我們也要加強聯繫。

（十一）重視以臺商子弟（女）學校，臺商協會（婦聯會）作為對臺青少年交流的媒介載體。

（十二）現在對臺交流的審批程式複雜且慢，可建立單位的負責制、信用制度，對於辦得好的，可減少對它們的審批作業程序。

（十三）以人為本，做好對臺青少年、學生的工作。建議中央領導接見臺灣的學生、青少年。

（十四）重視研究臺灣島內學生、青少年的情況，包括價值觀、心態、兩岸觀，等等。

三、一個思考

臺灣的人對於大陸的印象（態度）大約可以分為幾個層次：第一個層次是反感，看不起大陸，認為大陸是落後的；第二個層次是比較瞭解大陸現今的情形和進步；第三個層次是敬佩：瞭解大陸在解放前的落後，中國共產黨的艱苦奮鬥直至奪得全國解放的勝利。還有建國近六十年來，經過西方、美國的封鎖，韓戰越戰，文革的破壞，以及三十年來改革開放的巨大成就。第四個層次就是認識到

兩岸共同發展,進而統一的歷史必然。

過去臺灣的國民黨搞反共愚民政策,現在臺灣的年輕人也不信這套東西。所以紅色旅遊(延安、井岡山、雨花臺)對於有一定認識基礎的年輕人是有號召力的,也是有利於臺灣年輕人認同大陸。對於這個問題,對於合適的對象(如有「民進黨」背景者),我們不必迴避共產黨領導中國人民打敗三座大山的歷史過程。所以,也可以舉辦有關「近代史」(歷史觀範疇)的課程、活動和夏令營,結合介紹學習有關「臺灣問題」的來龍去脈。這些活動對於在大陸求學的學生,也一樣可以安排。對於臺灣學生學習我們的政治課,隨其所願,給予選擇,不要強制不予允許。

此外,也要注意在我們的中小學、大學中開展涉臺知識的教育,以利於兩岸青年學生交流的良好氛圍。據瞭解,臺灣學生往往有感於大陸同學因為對於臺灣情況的不瞭解,在談話中造成對臺灣學生的一種不理解、誤解,乃至無形的壓力感。

結語

歷史借鑑:李斯寫〈諫逐客書〉,反駁秦始皇身邊的人出於對秦國「安全」的考慮,主張驅逐從東方六國來的人的短視做法。秦國自此大量啟用,使用東方的人才,國勢日盛,終而統一六國。近代的美國也是大量引進世界各國人才,為其所用,而成其大國地位。我們對於統一臺灣,做臺灣青少年、學生的工作也要有這樣的歷史視野和胸襟。

2007年6月

國家圖書館出版品預行編目（CIP）資料

荷清苑書簡：與臺灣青年朋友的通信 / 吳國禎作. --
初版. -- 臺北市：人間, 2016.04
296面；14.8 x 21 公分
ISBN 978-986-92820-1-7（平裝）

1. 言論集

078   105003817

荷清苑書簡——與臺灣青年朋友的通信

作者	吳國禎
責任編輯	蔡鈺淩
執行編輯	李中
校對	李中、蔡鈺淩
版型設計提供	黃瑪琍
封面設計	仲雅筠
排版	仲雅筠
發行人	呂正惠
社長	林怡君
出版	人間出版社
	臺北市長泰街59巷7號
電話	（02）2337-0566
傳真	（02）2337-7447
郵政劃撥	11746473‧人間出版社
電郵	renjianpublic@gmail.com
定價	320元
初版一刷	2016年4月
初版二刷	2016年7月
ISBN	978-986-92820-1-7
印刷	崎威彩藝有限公司
總經銷	聯合發行股份有限公司
	新北市新店區寶橋路235巷6弄6號2樓
電話	（02）2917-8022
傳真	（02）2915-6275